AS MÁQUINAS NA MENTE

ANNE CAUQUELIN

AS MÁQUINAS NA MENTE

Tradução
LAURENT DE SAES

martins Fontes

Esta obra foi originalmente publicada em francês
sob o título *Les machines dans la tête.*

Publisher *Evandro Mendonça Martins Fontes*
Coordenação editorial *Vanessa Faleck*
Produção editorial *Carolina Cordeiro Lopes*
Preparação *Luciana Lima*
Revisão *Lucas Torrisi e Bárbara Parente*

Dados Internacionais de Catalogação na Publicação (CIP)
Angélica Ilacqua CRB-8/7057

Cauquelin, Anne
As máquinas na mente / Anne Cauquelin ; tradução de Laurent de Saes. – São Paulo : Martins Fontes – selo Martins, 2023.
232 p.

Bibliografia
ISBN 978-65-5554-010-9
Título original: Les machines dans la tête

1. Filosofia I. Título II. Saes, Laurent de

23-3418 CDD-100

Índice para catálogo sistemático:
1. Filosofia

Martins Editora Livraria Ltda.
Av. Dr. Arnaldo, 2076
01255-000 São Paulo SP Brasil
Tel.: (11) 3116 0000
info@emartinsfontes.com.br
www.emartinsfontes.com.br

SUMÁRIO

Capítulo II

INTRODUÇÃO

Ocorre, por vezes, que uma ideia atravesse o espaço de nossa mente – por acidente, ocasião, ou tendo sido preparada há muito tempo, mas sem que a esperemos.

Andávamos de carro e conversávamos, Roberto e eu. Perguntava-me o que eu iria dizer na conferência para a qual nos dirigíamos. Ao esboçar uma resposta, percebi subitamente que eu estava descrevendo uma espécie de máquina. Como e com que era fabricada, sua utilidade, em que ela resolvia a questão, o que lhe faltava, o que eu esperava dela. E, a partir de então, fui também percebendo que os ensaios ditos "teóricos" que eu escrevera até então também eram, de algum modo, máquinas. De imediato, fiquei estupefata, mas deixei a ideia onde estava, isto é, no ar.

Aquilo que não completamos, entretanto, persegue-nos, embora o esqueçamos na maior parte do tempo. Esqueci a máquina, portanto, e ela voltou.

Voltou de outra forma, mais material, ou – como dizer? – mais concreta.

Durante uma intervenção num colóquio, tive, de repente, uma falha de memória, perdi o fio do raciocínio e procurei de todas as formas reencontrá-lo. Esse episódio me pareceu muito longo, interminável, e eu me preocupava com a possível reação do auditório... equivocadamente, pois a pequena "máquina" que eu montara para aquela ocasião cumpriu bravamente sua tarefa e, como que animada por um impulso interior, regular, continuou imperturbavelmente o encadeamento dos raciocínios previstos. Veio-me novamente a imagem de um robô doméstico, funcionando de acordo com suas regras, autônomo, para não dizer autômato. Geralmente, basta acionar esse tipo de máquina. A tarefa, dizem, "cumpre-se sozinha".

Eu imaginava então a quantidade de pequenas máquinas com mecanismos desconhecidos de seus usuários e que realizavam seu trabalho sem o nosso conhecimento, "sozinhas". O hábito, é claro, o rito, os encadeamentos inteiramente prontos, a repetição dos miniacontecimentos cotidianos. Uma memória dos gestos que o gesto seguinte reanima. Sim, mas a tarefa cumprida pelo robô mental no caso da conferência é mais delicada de justificar. Ela sai do campo do hábito e requer capacidades inusitadas, como a de encarregar-se de um plano e cumprir um programa, inventando, ao longo de seu desenvolvimento, um tom e uma maneira que se assemelhariam aos meus, que *seriam* os meus. Em resumo, o poder de substituir seu hospedeiro durante sua ausência.

Essa propriedade do robô mental de suprir, substituir, completar, imitar, adormecer ou despertar atividades complexas é absolutamente notável, mas também perfeitamente perturbadora. Perturbadora, por um lado, porque ela desnuda a ilusão que cada um de nós cultiva de ser um sujeito único e insubstituível e, por outro, porque revela um funcionamento pouco conhecido das próprias máquinas teóricas. Pois se existem máquinas dentro do cérebro, existem outras também fora dele, sob a forma de vastos complexos de ideias, encadeadas e que compõem um sistema, compelindo a si mesmas e compelindo-nos em troca.

Máquinas internas, máquinas externas, essas máquinas me intrigam e, sobretudo, me perseguem; decido ir examiná-las mais de perto.

Várias pistas se apresentam. A primeira, que parece ser evidente, conduz à psicologia cognitiva. As experiências contemporâneas dessa área revelam as atividades subliminares, o trabalho efetuado sem o nosso conhecimento, e até mesmo a possibilidade de um aprendizado sem consciência. Mas essa pesquisa está muito distante de minhas competências, ela exige um longo investimento e, sobretudo, uma cultura científica que não possuo.

Isso não me impede de compartilhar seus pressupostos de base, como a possibilidade de uma atividade mental sem consciência, espécie de mecânica interna do cérebro, realizando, sem o nosso conhecimento, um trabalho considerável. Nem de me perguntar como esse "ignoto"[1] de

1. Do francês *"insu"*, isto é, o não sabido, o não conhecido, o ignoto ou incógnito. [N.T.]

nossos pensamentos, o desconhecimento dos encadeamentos quase mecânicos que os unem, produz, por sua vez, uma espécie de não sujeito, ele mesmo levado a montar mecanismos, "máquinas". Neutralidade desse sujeito que acredita ser criador, ilusão de um autor, deslocamento de foco para o ator na medida em que age de acordo com um programa codificado em suas células e toma, por vezes e pouco a pouco, consciência do processo.

Uma segunda pista também parece evidente a numerosíssimos interlocutores: "Ah, sim", dizem eles, "as máquinas desejantes![2]". É a reação quase instantânea ao enunciado "máquinas na mente" (esse foi o caso de Roberto desde a nossa primeira conversa). Mas essa é uma pista que se aproxima muito da primeira, a da psicologia cognitiva. E isso ainda que os dois tipos de pesquisa se oponham quanto às suas finalidades e ao seu invólucro ideológico. Pois, se a teoria das máquinas desejantes parece ir mais longe em busca do ignoto e de abordagens, ela se encontra, entretanto, estreitamente limitada pelo conjunto teórico e prático do qual ela provém e que ela ilustra. Não me aventurarei nessa teoria, por um lado, porque ela é objeto de numerosíssimas exegeses, com uma múltipla descendência preocupada em preservar seus direitos ao comentário e, por outro e sobretudo, porque pulsões ou afetos não estão fundamentalmente implicados na organização de uma máquina (sua

2. Expressão empregada por Gilles Deleuze e Félix Guattari para definir o ser humano, no *Anti-Édipo* (1972). [N.T.]

gramática); essas são modalidades de acompanhamento, não nos ensinam nada sobre sua lógica.

Sobre um único ponto, talvez, a teoria desejante pode encontrar um lugar nas pesquisas sobre o mundo das máquinas: é quando o desejo parece calar-se, ausentar-se, não ter mais lugar, nem existência, nem combustível; o que é o caso da chamada arte "bruta". Com efeito, ela revela cruamente uma produção cujo produtor não sabe nada. A obra – se é que podemos empregar esse termo – é apenas impelida para fora, sem nenhuma meta ou finalidade. Ela apenas "saiu". Uma imperiosa necessidade presidiu sua emergência. Não se pode dizer mais nada a seu respeito, o autor é mudo e tampouco a obra fala. Mutismo que causa grande perturbação no mundo dos críticos de arte, lança uma dúvida sobre as demais produções artísticas e embaraça consideravelmente os estetas.

A terceira pista não parece, à primeira vista, ter qualquer ligação com essa história de mecânica cerebral nem com o aparelho psíquico, suas forças, intensidades e instâncias. Trata-se de perguntar como se constroem e trabalham as teorias – "grandes narrativas" ou sistemas de explicação de todo o mundo ou de partes dele – *quando consideradas como máquinas*. Não teriam elas certos pontos em comum com os mecanismos cegos do cérebro? Saberíamos como elas se construíram, impuseram-se ou fracassaram? E, aliás, o que é "funcionar bem" ou "obter êxito" para uma teoria? Não teriam elas também algum acordo simpático com as máquinas que a indústria nos fornece em grande número? Sofrendo dos mesmos males, produzindo os mesmos benefícios, comportando-se da mesma maneira?

Evidentemente, não sou a única nem a primeira a interessar-me pelas máquinas. Somente no campo da arte, um grande número de textos lhes é dedicado, e numerosos artistas invocam uma espécie de mecanopoiética. De Picabia[3], com a arte maquínica, às máquinas celibatárias de Duchamp[4], de Roman Opałka[5] e On Kawara[6] aos dispositivos da poesia sonora, das escritas automáticas ao erudito Oulipo[7], as "máquinas de pintar"[8] e de escrever se multiplicam. Na literatura de ficção, são numerosos os autores que descrevem o mundo vertiginoso das máquinas, e frequentemente com uma precisão maníaca, obsessiva, da qual o deslumbrante *Locus solus*[9] constitui o exemplo perfeito. A máquina também é convocada em campos em que não a esperamos, como na psicanálise ("as máquinas analíticas"[10])

---

3. Francis Picabia (1879-1953), pintor e escritor francês e um dos principais expoentes do dadaísmo. Caracterizou-se pela inclusão, em suas obras, de fotografias ou elementos que remetiam a máquinas, expressando sua concepção do ser humano como entidade maquínica. [N.T.]

4. Marcel Duchamp (1887-1968), pintor francês, naturalizado americano em 1955, tido como um dos artistas mais inovadores e importantes do século XX. [N.T.]

5. Roman Opalka (1931-2011), pintor franco-polonês. [N.T.]

6. On Kawara (1932-2014), artista conceitual japonês. [N.T.]

7. Ouvroir de Littérature Potentielle (Oficina de Literatura Potencial), corrente literária que propunha a libertação da literatura, submetendo-a, paradoxalmente, a certas regras inusitadas. Por exemplo, textos em que cada palavra tinha de ser iniciada por uma letra diferente, respeitando a sequência do alfabeto, ou então a substituição de cada substantivo pelo sétimo abaixo dele no dicionário. [N.T.]

8. Maurice Fréchuret, *La machine à peindre*, Jacqueline Chambon, "Rayon art", 1993.

9. Raymond Roussel, *Locus solus*, Alphonse Lemerre, 1914.

10. "Les machines analytiques", *Confrontations*, n. 3, 1980.

ou a retórica ("as máquinas do sentido"[11]). Quanto à filosofia, as discussões sobre o cérebro-máquina e as teorias computacionais são recorrentes desde a máquina de Turing[12] e ainda servem de suporte aos debates a favor ou contra a internet. Todas, entretanto, apresentam o humano e a máquina em conflito, com a máquina assumindo então o nome de técnica ou de tecnologia, cega e coerciva diante de um humano livre e consciente, capaz de emoções e de criação. Na arte, por exemplo, a técnica sempre foi e ainda é o pesadelo da maioria dos estetas, e isso mesmo quando admiram as obras mecanomorfas; os críticos de arte sempre encontram alguma razão – metafísica ou existencial – para explicar o que é considerado como uma falha do artista quando ele "faz" maquinismo[13]. Debate interminável, que encontra combustível a cada nova invenção tecnológica. A animosidade se estende até a recusa a dar atenção à filosofia analítica, demasiado "mecanística" para o gosto deles. Inversamente, os defensores da supremacia e da criatividade da máquina estão muito embaraçados com o humano, que apresentam como um usuário impotente e ignaro. A oposição entre as duas entidades é certamente inoportuna e pouco útil. Deixemos, pois, essas discussões trilharem seu caminho, sem lhes atribuir demasiada importância.

---

11. Yves Delègue (ed.), *Les machines du sens. Fragments d'une sémiologie médiévale*, textos de Hugo de São Vítor, Tomás de Aquino e Nicolau de Lira, Éd. des Cendres, 1987.

12. Alan Turing (1912-1954) foi um matemático e criptólogo britânico, autor de trabalhos tidos como fundadores da informática. Em 1936, ele apresentou um modelo teórico de funcionamento dos aparelhos mecânicos de cálculo no intuito de oferecer uma definição precisa para o conceito de algoritmo. A esse modelo, dá-se o nome de "máquina de Turing". [N.T.]

13. Marc Le Bot, *Peinture et machinisme*, Klincksieck, 1973.

O que proponho aqui não é um elogio da máquina nem uma posição dita "avançada" ou moderada em relação às tecnologias contemporâneas, sejam elas quais forem. Em contrapartida, o comportamento de uma máquina ordinária, quando se testa o seu funcionamento, deve fornecer uma grande quantidade de informações para um estudo do comportamento daquilo a que chamarei as "máquinas teóricas", denominação que será necessário justificar.

Passar para a investigação exige que limite o campo às experiências próximas que pude observar. Seria, com efeito, bastante audacioso de minha parte examinar as "grandes máquinas teóricas" que, com o inconveniente de deformar-se no processo, atravessaram os séculos. Mas toda teoria produz um resto, e é grande a tentação de esclarecer alguns de seus traços com minha própria maquininha laboriosa. Que esses "restos" sejam a produção inconfessa dessas grandes máquinas é a hipótese subjacente à investigação da segunda parte deste ensaio. "Resto" não é um termo que agrada, não é uma palavra feliz, mas designa efetivamente o que as grandes máquinas deixaram de lado e frequentemente desprezaram. São *back streets*, a sombra das grandes teorias, e, nesse sentido, atraem e provocam a curiosidade e, ainda mais do que uma reabilitação, um reconhecimento e, sobretudo, uma atualização. Mostrar como essa atualização se opera em diferentes campos, como a comunicação e a arte contemporânea, em que os restos constituem matéria-prima da inovação, é o propósito da última parte deste livro.

Capítulo I

AS MÁQUINAS TEÓRICAS: O CONHECIMENTO E SEU RESTO

INVESTIGAÇÃO – OS PEDAÇOS DESCONJUNTADOS DO MUNDO

Membros solitários, eles erravam [...] aos montes,
a terra fez germinar têmporas
sem pescoço, braços vagueavam, nus,
carentes de pescoços, e olhos erravam,
solitários, desprovidos de frontes.

Empédocles[1]

Poderíamos considerar as mais antigas máquinas textuais que conhecemos como mitos, relatos de origem ou fábulas se elas não estivessem tão preocupadas em se reunir em torno de alguns princípios primeiros, pouco numerosos e não divinizados. Na verdade, no caso dos fragmentos – poemas ou prosas – da Grécia antiga, trata-se menos de teoria no sentido em que a entendemos atualmente do que de visões elaboradas, mantidas juntas por um fio de palavra – um estilo de linguagem, uma maneira de dizer. Chamamos "pré-socráticos" a esses textos e seus autores, como se devessem ser situados numa alvorada um pouco crepuscular, nos primórdios caóticos de um pensamento finalmente certo de ser verdadeiramente filosófico. Com frequência, são considerados como o que se deixa para trás

1. Jean Bollack (ed.), *Empédocle*, t. 2, *Les origines*, edição e tradução dos fragmentos e dos testemunhos, Éditions de Minuit, 1969.

quando se avança no conhecimento. Fragmentos que permaneceram fragmentos, diante de uma máquina que alisa e unifica, sem hiato nem contradições. Em resumo, uma espécie de resto, que pede para ser retomado, reutilizado ou reconsiderado, de acordo com o propósito que pretendo seguir.

Junções

Como imaginar os primórdios? As origens? Os elementos estão dispersos, ainda não agregados. No universo vazio, eles vagueiam, desemparelhados.

A junção é a primeira operação a fazer. É ela que está na origem das origens. Empédocles a ela se dedica, sendo que seu próprio poema constitui origem. Para o filósofo de Agrigento, é o amor (*Philotes*) e o ódio (*Neikos*) que unem e dividem os diversos aspectos do espaço, do tempo, das coisas, dos seres vivos. E dos astros, sol e lua.

O fôlego que anima o poema também anima os membros dispersos do mundo; ao se encontrarem, eles se unem para formar um todo. Todo corpo é uma junção, uma constituição, o nosso, o do universo, o de todo ser vivo. Tentativas e erros: o encontro não é sempre bem-sucedido, estes olhos não se unirão a esta palma, nem estes braços a este tronco, assim como a água e o fogo não fazem um bom casal, nem a terra e o ar; a divisão atrai e comanda as escolhas.

Ficção dos primórdios que o poema retoma em sua própria forma, pois os fragmentos que encontramos estão no estado dos membros desconjuntados que ele descreve. Uma forte correspondência existe entre o que é afirmado a respeito do mundo e a forma na qual isso é dito.

O desconjuntado, contudo, pede para ser unido, os princípios opostos do amor e do ódio são chamados a dar uma forma ao caos das sensações e dos acontecimentos. Esse casal de opostos parece capaz de regular o balé das relações complexas entre os homens, mas também o dos elementos como a água e o fogo, a terra e o céu.

Esse relato dos primórdios é uma ficção, por certo, mas não um mito, pois, nele, amor e ódio são forças abstratas, não encarnadas em divindades; são figuras não figuradas, princípios estabelecidos para servir de antecipantes que poderíamos quase qualificar de *a priori*. Não é tampouco de genealogia que se trata no caso de *As origens*. Empédocles absolutamente não se preocupa com a cronologia nem em desenrolar o fio das descendências. O que é descrito contempla o consumado e o não consumado simultaneamente. O tempo não existe senão sob uma forma vaga, um receptáculo que aceita passado e presente e deixa os possíveis acontecerem, ele os acompanha sem nada determinar.

Tensões e divisões

Em *As origens*, as formas dos corpos e as formas do tempo acompanham de perto os fragmentos de Heráclito, unidos e desunidos pelo movimento dos contrários. Pois aí também as forças em jogo não são deuses e deusas, mas princípios de natureza. Apenas a natureza é convocada. Una e fora do tempo, ela admite, entretanto, a divisão (noite e dia), sob a condição de uma inversão. *Novo a cada dia*[2], o sol que teve de vencer a noite. A criança que lança os dados é rei de um tempo suspenso, em tensão entre impulso e queda. "Em harmonia com o que difere de si, como no caso do arco e da lira[3]." O seu princípio é o que se harmoniza consigo mesmo "segundo discórdia e necessidade" (fragmento 80). A necessidade cai diretamente sobre nós, e a discórdia vem perturbar essa retidão para restabelecer outras necessidades. O casal se harmoniza para se dissociar e volta à estaca zero: é essa autorreflexão da tensão que produz a vida (o arco) ou o som (a lira).

Parece realmente que uma espécie de mecanismo se estabelece sob as imagens que lhe dissimulam (ou revelam?) o vigor. Criança que brinca, cão que vai farejando, asno que prefere o som ao ouro, arco e lira cuja forma curva revela a tensão: tantas flechas apontadas para a verdade do mundo. Vê-se realmente que essa verdade se mantém entre os constrangimentos principiais de forças contrárias, ainda que os termos que os designam sejam diferentes. As analogias, a semelhança, os "como se" são poderosos meios de sedução. Essas imagens, unificadas e, ao mesmo tempo, contrastadas, permitem conceber "uma ideia do mundo".

2. Citação de Heráclito. [N.T.]

3. Jean Bollack, Heinz Wismann (ed.), *Héraclite ou la séparation*, Éditions de Minuit, 1972, fragmento 51.

Conceber uma ideia do mundo

O fôlego ou impulso que requer a junção dos pedaços desconjuntados da matéria requer também a junção dos pensamentos dispersos, das sentenças e palavras de sabedoria. A ficção é atravessada por um esforço no sentido da razão, da simplificação. Tentar a unidade por meio dos pedaços dispersos e manter, ao mesmo tempo, a diferença no seio da unidade é o que designa o seguinte termo grego: *lógos*. Segundo Heráclito, "Escutar o *lógos* para saber reconhecer que todas as coisas são uma só" (fragmento 50). Mas certamente o *lógos* não é o todo da inteligência (*noos*). Esta se desprende dele, visto que ela apreende muito mais do que o esforço no sentido da unidade, apreende o próprio Um. Mais do que uma máquina para manter juntos os pedaços do mundo, ela "vê" e compreende o próprio laço[4].

Conceber uma ideia do mundo é empregar corretamente a razão que reúne, mas é também deixá-la de lado para ver o que ela não vê, *seu resto*. O que sabemos a esse respeito por senti-lo todos os dias: que o fogo queima, a água escorre, o céu está acima de nossas cabeças, e nascemos e morremos. Não de maneira aleatória, mas segundo uma regra que não se desmente. Sim, a ideia que temos do mundo deriva do senso comum, das observações que fazemos e de sua ordenação sensata. É uma nuvem de pensa-

4. *Noos*, um conhecimento supremo que, segundo Platão, "vem, de repente, luzir na alma, assim como a luz brota da faísca e, em seguida, cresce por si mesma" (Platão, carta VII, 341 d).

mentos que dizem respeito à nossa vida neste mundo. E é também uma linha que corre através dessas observações cotidianas, um pensamento que as relaciona umas às outras, distinguindo-as e comparando-as. Ele as funda e, ao mesmo tempo, examina-as.

Façamos aqui uma pausa, a primeira, e talvez a última de nosso percurso. Um respiro. A palavra poética acolhe a razão que é interior ao pensamento e a define em parte, mas deixa viver o que lhe é exterior – o que passa e vive no entorno – sem o forçar a ceder diante da razão. Nem o mundo, nem seu pensamento estão ainda totalmente sob o seu domínio; *a razão e seu resto* estão ainda atados, os dois se confundem, são uma coisa só. Uma só, ainda que cada um puxe para o seu lado, e que muita coisa permaneça incompreendida – não "escondida", como pensam alguns, o que indicaria uma intenção por parte da natureza, mas vagueando em algum lugar, nas margens.

Não encontraremos mais, naquilo a que chamamos hoje filosofia[5], semelhante perspectiva, uma junção sem entalhes visíveis e uma liberdade tal que se chama necessidade. Assim, não se deve confundir "conceber uma ideia do mundo" e *maneiras de fazer mundos*[6]!

Se o primeiro enunciado fala do "mundo" como sendo uma descoberta que permanece em aberto, o segundo dá

5. Devemos o termo e a coisa a Pitágoras, afirma Diógenes Laércio em *Vidas e doutrinas dos filósofos ilustres*, Prólogo, I, 10-12. O filósofo é aquele que escuta a voz da sabedoria, do sábio. E Pitágoras não deixa de atribuir-se tal nome. Desde sua invenção, a filosofia é uma questão de ensino.

6. Nelson Goodman, *Manières de faire des mondes*, Jacqueline Chambon, 1992.

ou propõe regras de fabricação para um mundo fechado, cercado, particular e situado (neste caso, com Goodman, o da arte). Da mesma forma, a teia ou a rede flexíveis que *fragmentos* e *origens* estendem ao mundo para lhe descrever o aspecto diferem absolutamente do quadro metódico – teoria no sentido pleno do termo – que está aqui para estruturar metodicamente o pensamento e a ação.

Arranjos

Doravante, a palavra poética dos primórdios será "arranjada". E o mundo, com a ideia que se tem dele, será também arranjado. Ou ordenado.

Embora os encontros ocasionais dos corpos, a junção das matérias e a inteireza do fragmento encontrem meios de se unirem, todos esses elementos do poema das *Origens* de Empédocles e dos fragmentos de Heráclito são difíceis de reunir num discurso bem formado. Ademais, eles são estranhos (obscuros, como se diz) e frequentemente ferem o bom senso. Eles pedem (os comentadores pensam que eles pedem) para ser completados e arranjados para que sejam compreendidos por todos. Os vazios devem ser preenchidos, os fragmentos recolocados nos devidos lugares, uns em relação aos outros, para que se encadeiem de maneira razoável, legível. A filosofia é um ensino, e o ensino exige isto: coesão, clareza, argumentação.

Comentadores e doxógrafos procuram remediar esse estado de coisas. São numerosos os que atuam como transcritores, como transmissores, e, sem seu acompanhamento, não teríamos herdado a metade dos fragmentos que possuímos atualmente, nem seu eco na filosofia da época. Aécio e Simplício, que transmitem; Plutarco ou Aristóteles, que comentam e puxam cada um para o seu lado: um, platonizando; o outro, teorizando de acordo com sua própria via. Esses comentadores desempenham o papel de intérpretes e servem, assim, de caixa de ressonância para as palavras dos poetas filósofos; eles são, em grande parte, responsáveis por seu acabamento arranjado, isto é, teórico.

"O arranjo" é o começo da teoria.

Epicuro, na carta a Heródoto[7], se a lermos irrefletidamente (sem pretensão nem precaução histórica), parece tomar emprestado de Empédocles suas vertigens: a queda dos átomos caindo imperturbavelmente no vazio e seus encontros falsamente aleatórios. Impelidos por um sopro de deriva (o *clinâmen*), os átomos se desviam de sua queda vertical e se chocam uns com os outros; produz-se então um acontecimento, seja um composto de átomos, um corpo, seja a perturbação de um destino. Não estaríamos no regime das junções, no das *Origens*? Empédocles fala, com efeito, de *Tykhe*, o encontro, que reina sobre a junção dos pedaços do corpo; parece ser acaso, mas é necessidade. Sua lei é física, assim como são físicos o amor e o ódio[8].

---

7. Jean Bollack, Mayotte Bollack e Heinz Wismann (ed.), *La lettre d'Épicure à Hérodote*, Éditions de Minuit, 1971.

8. Pensamos a gravidade como uma necessidade física, uma lei, e se a víssemos agora como um laço amoroso que uniria os corpos a terra?

Não obstante, uma diferença se faz fortemente sentir. Que diferença? A ideia que tínhamos foi *arranjada*. No caso da carta a Heródoto que "explica" a doutrina de Demócrito, a desordem dos encontros inopinados tem um antecipante nomeadamente designado: o *clinâmen*. Esse vento de deriva que faz com que os átomos se desviem. Ora, o *clinâmen* não é a discórdia, *éris*, nem o ódio, *neikos*, ele não desune, mas reúne necessariamente os átomos isolados; trata-se de uma necessidade desviante no interior da própria necessidade e que a reforça. Bela ideia, que, desta vez, faz pensar nas inversões reiteradas que Heráclito introduz entre as forças contrárias. Entretanto, o encontro do *clinâmen* e do átomo não é *junção*, mas *arranjo*. Ele depende de..., é causado por..., explica... A lei física dos nascimentos se atribui a uma explicação lógica, está atrelada a uma razão; a física de Demócrito *via* Epicuro não é a *physis* de Heráclito nem a de Empédocles, ainda que as imagens que ela utiliza e que ela suscita se assemelhem às dos *Fragmentos* e das *Origens*. Ela é método, encadeamento de causas, hierarquização das etapas; uma poderosa lógica conduz o todo e argumenta.

Os recursos da gramática e da retórica são convocados; assim, por exemplo, o argumento para afirmar a existência do vazio utiliza o raciocínio pelo absurdo: "Se não houvesse aquilo a que chamamos o vazio, os corpos não teriam onde se mover [...]." A construção com "se... então..." é frequente; ela retorna, por exemplo, no caso da ilimitação do vazio: "se o vazio fosse finito, os corpos ilimitados em número não teriam onde se manter" (42, 7-8). Não faltam figuras de estilo para esclarecer o comentário. Assim, para designar o vazio e marcar seu caráter inapreensível, três termos se sucedem: "aquilo a que chamamos vazio, espaço e substância intangível [...]". Estamos longe das sentenças abruptas de Heráclito, que não faz nada para esclarecer o ouvinte: cabe a este compreender ou não, "sem inteligência, eles se assemelham aos surdos" (fragmento 34).

No caso de Demócrito e Epicuro, assim como no dos antigos estoicos, trata-se de sistema: método e princípios, explicações e detalhes podem ser objeto de um resumo (*epitomé*)[9], de uma exposição (e quem pensaria em resumir os *Fragmentos* de Heráclito ou o poema das *Origens*?).

Os elementos de uma máquina teórica estão presentes. Entramos na era da ciência; o conhecimento se adquire pelo estudo, a observância das regras e o discernimento: "é preciso, portanto, produzir continuamente na memória o esforço necessário para que seja projetada nas coisas a apreensão capital [*kyriotate*], e, assim, a ciência dos princípios mais gerais se explicitará inteiramente em detalhes"[10].

Explicações e comentários

Pois o arranjo supõe certa unificação dos dados, uma abstração: os princípios da necessidade e do *clinâmen* não se opõem como amor e ódio. Aqui, nem há paixão nem acaso,

---

9. Jean Bollack, Mayotte Bollack e Heinz Wismann (ed.), *La lettre d'Épicure à Hérodote*, *op. cit.*, 37, 5.

10. *Ibid.*, 68, 5-8.

permanecemos com e na matéria. No encadeamento causal. Átomos e *clinâmen* bastam para descrever a origem dos corpos e a matéria do mundo. Desapareceram o amor que leva a unir-se, o ódio que divide e o fôlego desejante que percorre o cosmos. A paixão não habita mais a ficção. Não há mais cão que vai "farejando com o nariz as partículas dos membros", a oliveira que produz ovos, "o amor enlaçando" e nossos ancestrais, os peixes. Em Epicuro, o fôlego que reúne é agora impessoal, inelutável e indiferente. Abandonando as imagens, invocando não a musa, mas a razão, "a ideia que se concebe" torna-se teoria. E a teoria que resulta disso certamente já produz um resto.

Pela sua parte, os comentadores se debruçaram sobre esse resto. Seu trabalho é, ao mesmo tempo, incontornável e ambíguo; por um lado, teríamos, sem eles, apenas um magérrimo espólio, privado da densidade das discussões que seus escritos inscrevem ao seu redor. A abundância desses comentários confere peso aos dizeres poéticos e às sentenças, ela os fixa na memória e lhes dá um lugar na história da filosofia. Por outro lado, comentários e traduções simplificam palavras e pensamento, acolhendo o senso comum e uma espécie de moral do meio-termo. Isso sem falar em traduções truncadas, nas quais os autores recortam e extraem o que querem, terminando então de fragmentar o que eles tinham atribuído a si, por missão, reunir e reconstituir[11].

11. Jean Bollack, Heinz Wismann (ed.), *Héraclite ou la séparation, op. cit.* O arranjo dos fragmentos de Heráclito pelos tradutores e comentadores está magistralmente descrito e analisado na introdução de Jean Bollack. Há a mesma crítica

Restituições

Entretanto, o mais estranho é que os fragmentos resistem a esses maus tratos; a despeito dos disfarces impostos, eles ainda encantam aqueles que os abordam. Trata-se certamente de uma espécie de seita, para a qual a filosofia não é o que se diz a seu respeito e que sabe manter os fragmentos como estão, sem forçá-los. Nessa ótica, a *restituição* se impõe como a única maneira de devolver aos fragmentos sua identidade, sua autonomia; pois restituir não é nem arranjar, nem reconstruir. É um trabalho de grande minúcia, humilde e erudito, que não se pode conceber sem uma paixão extrema. Para Jean Bollack, que a ele se dedicou, isso se reduz a deixar os fragmentos como estão, na condição de fragmentos, e criticar (a ponto de suprimir) o que foi reconstruído pelos tradutores e comentadores. Isso significa desenlaçar os fios, deixar as lacunas, com o risco de deixar "frases parcialmente acabadas e que não se harmonizam umas com as outras", como pretendia Teofrasto a respeito dos fragmentos de Heráclito[12]. Pois existem duas espécies

e análise em *La lettre d'Épicure à Hérodote*, em que já se vê uma máquina de conhecer e de divulgar em funcionamento: abreviar, resumir, completar, repartir segundo lugares dedicados (moral, física, lógica). Reinscrever a palavra ressoada numa continuidade, com o risco de abrandar o conteúdo, para encaixá-lo nos limites do método. A ironia da coisa é que essa máquina de retomar e reescrever não pode mais se deter: o que Epicuro faz com a carta a Heródoto, expondo a física de Demócrito, ocorre também com seu próprio texto: ele seria retrabalhado, reescrito e "terminado", sem consideração por seu estilo original e pelo que ele desejava transmitir de uma postura furtiva e aberta, mais incitativa do que pesadamente didática. Retomada várias vezes, pois, ao tentar restituir a carta em seu frescor e sua veracidade, é preciso retomar, reescrever, reposicionar, deslocar, retirar e recomentar.

12. Teofrasto, citado por Diógenes Laércio, *Vidas e doutrinas dos filósofos ilustres*, livro IX-6.

de restituição: a que procura colar os pedaços, construir uma suposta unidade, e a que deixa os fragmentos como estão, sem a colagem.

Reenactments

Os artistas contemporâneos trabalham com as imitações, as reprises, as reciclagens, os *reenactments*. Se observarmos esse trabalho em seu propósito compartilhado, poderemos encontrar nele uma preocupação da mesma ordem que aquela que anima as reconstituições de textos fragmentados: pôr novamente em movimento, reativar obras esquecidas, dar nova vida às que já são (demasiadamente) conhecidas, frequentemente perturbá-las também, para fazer sobressaírem os seus traços marcantes, ou os repetir de maneira idêntica, como se essas obras desejassem elas mesmas serem reiteradamente repetidas.

Ao dar o nome de *reenactments* a este parágrafo, eu gostaria de levar a pensar que esse trabalho artístico que envolve a imagem (pintura, cinema, teatro e até mesmo *happening*[13]) não exclui, de modo algum, o trabalho textual, seja ele literário ou filosófico; a restituição por Bollack dos fragmentos antigos resulta de um esforço semelhante. Pois ainda que a prática atual e concreta do *reenactment* seja es-

13. Termo inglês empregado, na língua francesa, para designar toda *performance*, representação ou evento artístico inovadores que não se enquadram nos códigos artísticos tradicionais. [N.T.]

pecificamente espetacular[14], ela se inscreve na mesma categoria que as práticas de restituições. Não é inútil, acredito, recorrer a esse trabalho para esclarecer a questão dos fragmentos, de sua restituição, assim como de sua retomada, da conexão e dos problemas suscitados pela lógica das séries, oposta à lógica das causas.

Essas questões estão no cerne daquilo que nos interessa aqui: como pensar os *restos* produzidos pelas grandes máquinas teóricas? E como pensar o trabalho da máquina teórica e a produção de restos sem levar em conta sua finalidade constante de unificação, a preocupação de coerência, a necessidade de encadeamentos, o horror do hiato?

---

14. Esses "*remakes*, retomadas e repetições" são atualmente objeto de várias publicações, estudos e análises. Ver, por exemplo, as revistas *esse arts + opinions* (*Reconstitutions*, Montreal, n. 79, 2012) e *Marges* (Paris, n. 17, 2013). Ver também p. 187 e ss.

UM SABER MÚLTIPLO

O saber múltiplo
não ensina a inteligência.

Heráclito, fragmento 40

Escuta estas palavras,
guarda-as perto de um coração mudo.

Empédocles, *As origens*

Duas recomendações, ambas concernentes ao ensino. É preciso, para ensinar, saber muitas coisas, e coisas muito diferentes? (E, aliás, a inteligência pode ser ensinada?) E aquele que escuta, o que deve reter e guardar "perto de um coração mudo"?

A preocupação de ensinar está ligada à necessidade da teoria, assim como, há pouco, o arranjo assinalava sua chegada. Explicar, convencer, persuadir, seduzir, a palavra faz disso sua tarefa. E a palavra poética dos Sábios está aí para atestá-lo. Lançar luz, iluminar, não deixar nada na sombra, em contrapartida, é algo inteiramente diferente. As primeiras proposições da carta a Heródoto citadas acima[1] dizem menos respeito à palavra do que à sua explicação: é de ensino que se trata na medida em que as "coisas capitais" devem ser transmitidas em seu conjunto e em detalhes e

1. Ver p. 28.

guardadas na memória. Derivando-se os detalhes a partir do Todo, que não se deve perder de vista.

Questão do elo entre o um e o múltiplo, da possibilidade de sua existência simultânea e de seu peso respectivo.

Multiplicidade e fragmentação

Astronomia, mecânica, física, lógica, metafísica, história natural... cada campo tem linguagem, exercícios e práticas próprios, métodos e resultados específicos. São necessários, em cada caso, mestres e alunos – profissionais, de certa forma. O fracionamento dos saberes alimenta essa fragmentação que o conhecimento – sob a forma de um *lógos* sensato – procura reunir e unificar. Assim, o saber múltiplo (*polimatia*) entra em contradição com a inteligência (*noos*), que vê todas as coisas como uma só. Não obstante, essa contradição não é percebida pelo "profissional" que acredita saber tudo em seu campo e se contenta com isso (e se satisfaz com isso) nem pelos discípulos que acreditam na onisciência de seu mestre.

Ora, o desconhecimento dessa contradição vem da confusão entre adição de partes separadas e totalidade-una. A adição de elementos produz apenas um maior número de elementos; em contrapartida, a visão de uma coisa-una não discerne os elementos que formam a unidade, ela vê o conjunto.

Paradoxalmente, o saber múltiplo é restrito, cada saber é válido apenas para o campo a que se aplica. Quanto mais esses campos se multiplicam, mais a fragmentação do conhecimento aumenta, contendo os saberes particulares em estreitos limites.

Consequências: primeiramente, um estado de guerra permanente pelo domínio de uma ciência sobre as outras; com efeito, a busca da unidade sempre presente no processo de conhecimento conduz a unificar a pluralidade dos saberes; a quem caberia essa tarefa? À matemática, à metafísica, à lógica? Zenão e, ao lado dele, os antigos estoicos as dividiam e, em seguida, as hierarquizavam diferentemente, de acordo com as escolas e as personalidades de cada um[2]. Que disciplina serviria de fundamento e de critério para o saber? E que critérios determinariam sua preeminência?

Um exemplo particular, contemporâneo e muito parcial desse embaraço: o movimento alternativo que abrange arquitetura e urbanismo, priorizando ora a primeira, ora a segunda dessas disciplinas, numa espécie de balé ritual.

---

2. Diógenes Laércio, *Vidas e doutrinas dos filósofos ilustres*, livro VII, 1. Não resisto ao prazer de transcrever aqui as primeiras linhas do livro VII, 1 [39]: "Os estoicos dividem a filosofia em três partes: física, moral e lógica. Essa divisão, feita primeiramente por Zenão, o Cítio, em seu tratado sobre o *Discurso*, foi, em seguida, adotada por Crísipo, na primeira parte de sua *Física*; por Apolodoro Éfilo, no primeiro livro de sua *Introdução às opiniões*; por Eudromo, em seus *Elementos de moral*; por Diógenes de Babilônia e por Posidônio. [40] Apolodoro dá a essas diversas partes da filosofia o nome de *lugares*, Crísipo e Eudromo, o de *espécies*; outros as chamam *gêneros*. Comparam a filosofia a um animal, cujos ossos e nervos eles dizem ser a lógica; as carnes, a moral; e a alma, a física. Eles também a comparam a um ovo, cujo exterior eles aplicam à lógica, o que segue à moral, e o interior à física. Empregam ainda a comparação de um campo fértil, cuja sebe eles tomam figuradamente pela lógica, os frutos pela moral, e a terra ou as árvores pela física. Outros concebem a filosofia como uma cidade bem cercada de muralhas e sabiamente governada, sem dar preferência a nenhuma das três partes; alguns deles as consideram até mesmo como uma mistura que constitui um corpo de ciência, e as ensinam indistintamente, como que mescladas".

Preocupações estilísticas ou problemas sociais prevalecem, cada um por sua vez, por tempo limitado. Atualmente, o conflito parece dever se resolver dialeticamente pela vitória de um terceiro: a paisagem, superando os dois partidos, alcança a vitória (isto é, também o mercado) através da dominação da preocupação ecológica. Um urbanismo ecológico enfrenta uma arquitetura paisagística ou paisageada (e, portanto, ecológica), ambos reunidos pelo conceito onipresente de paisagem.

Mas pode-se "resolver um conflito" superando-o à maneira hegeliana, ou é preciso pensar que *resta alguma coisa dele* e que o deus Pólemos, a guerra, continua secretamente a dilacerar os protagonistas?

Pólemos

"A guerra é pai de todos[3]." O pai daquele que está errado e daquele que tem razão. Pois a justiça é, também e acima de tudo, discórdia que dilacera os corações e os divide: "Havendo necessidade, a guerra é o comum, e a justiça é discórdia, e tudo que se faz segundo a discórdia"[4]. Uma belíssima análise de Claire Margat[5] sobre *O aprendiz de feiticeiro* (textos, cartas e documentos de Georges Bataille) mostra

---

3. Jean Bollack, Heinz Wismann (ed.), *Héraclite ou la séparation*, *op. cit.*, frag. 53.

4. *Ibid.*, fragmento 80.

5. Claire Margat, "La rencontre du dieu Polemos. Sur *L'apprenti sorcier*, de Georges Bataille. Textes, lettres et documents (1932-1939) du Cercle communiste démocratique à Acéphale, rassemblés, présentés et annotés par Marina Galletti, notes et préface traduites par Natalia Vital", *Critique*, n. 636, maio 2000.

como, para Bataille, a dor de um fracasso – fracasso da ação violenta contra a guerra, como a que ele conduziu em *Contre-attaque*[6] – não se abandona na renúncia nem se "supera" com heroísmo; em suma, não se dialetiza, mas se recolhe no próprio interior de todas as razões que puderam conduzir a esse fracasso, para miná-las na base, sem oferecer nenhuma escapatória possível nem qualquer esquecimento. "Uma experiência da transgressão que procura instalar a negatividade hegeliana numa concepção trágica", escreve Claire Margat, não uma experiência que fazemos, mas que *faz ser*, e cujo resultado está decididamente destinado à derrota.

Pode-se considerar a experiência *do que resta do conflito* como um fracasso da dialética, isto é, como um resto da grande máquina teórica hegeliana que pretende arrastar, em sua passagem, todas as contradições, num grande impulso rumo à resolução final no espírito absoluto.

O recurso ao deus *Pólemos* e, através dele, à antiga palavra grega haviam sido invocados por Nietzsche para os mesmos temas, como o que perdura sob a arrogância atual da razão e se recusa a unificar-se.

Elementos e detalhes

O saber múltiplo esquece ou deixa de lado e, na verdade, pouco se preocupa com que está isolado, recusa a

---

6. Movimento revolucionário criado, em 1935, pelo escritor Georges Bataille (1897-1962), ao lado do poeta e escritor André Breton e outros intelectuais, em resposta à ascensão do fascismo. Embora distante dos movimentos operários, o grupo se posicionava contra o capitalismo e a burguesia e defendia a liberdade de expressão em todos os níveis (político, intelectual, sexual). [N.T.]

unidade ou se destaca. O processo de fragmentação que caracteriza esse saber é paradoxal, mas firmemente oposto ao fragmento. Esse paradoxo, a ruptura que ele representa no seio do conhecimento, racha o conjunto bem construído do que denominamos ciência.

Pois a questão dos fragmentos atravessa a filosofia, assim como atravessa a literatura, as belas-artes e, naturalmente, a arqueologia. A presença de fragmentos é sempre enigmática e, na maioria das vezes, leva a procurar a(s) parte(s) faltante(s) para reconstituir uma suposta totalidade. Se a natureza abomina o vazio – dizem –, o conhecimento recusa os hiatos, o inacabado. Para ele, compreender significa encontrar a causa. O laço. E, na sua ausência, o contexto que constitui, à sua maneira, um laço.

Assim, em todo conhecimento elaborado que aspira ao rótulo de ciência, não existe nenhuma parte isolada, por menor que seja. Os átomos de Epicuro que caem sozinhos no vazio infinito se chamam elementos. Nessa condição, eles são, ao mesmo tempo, partículas elementares (as menores discerníveis) do corpo que eles compõem ao se unirem e matéria, da mesma forma que são materiais os quatro elementos: terra, água, fogo e ar. Esses elementos são as peças da descrição de um mundo. Sua existência liga o efeito (o mundo, o corpo) a uma causa: sua declinação.

Ainda que em níveis de dimensão e de importância diferentes, elementos e detalhes possuem o mesmo *status*: eles contribuem para uma construção de conjunto – isto é, são, de alguma maneira, causas desta – e encontram suas causas nessa construção.

Mais precisamente, os detalhes, que poderiam ser considerados ornamentos, acréscimos não essenciais à compreensão do conjunto, ou um suplemento de prazer, e dos quais poderíamos eventualmente nos privar, são, entretanto, tratados em sua função de elementos constitutivos da obra, isto é, inseparáveis de seu ponto de fixação.

Assim, na pintura, se ele pode esclarecer o sentido de uma obra, o detalhe focalizado pelo olhar do historiador ou do crítico é esclarecido pelo conjunto do qual ele é destacado, mas ao qual permanece preso. Um feixe de microrracionalidades é chamado a justificar sua presença. O detalhe pertence a..., refere-se a..., está aí por tal razão, esclarece tal aspecto da obra. Não pode haver existência isolada. O detalhe do dedo de são Tomé explorando a ferida de Cristo seria intitulado: "Caravaggio, *A incredulidade de são Tomé* (detalhe)". Nessa condição, esse detalhe é de fato um elemento do quadro, ele contribui para a sua visibilidade – pois, ao estimular a curiosidade do espectador, o detalhe (sua vista aproximada) conduz pela via de um conhecimento mais íntimo da obra "vista de longe". Nesse caso, seu papel supera o de simples ornamento; ele se torna um engrenador, uma chave para a compreensão do conjunto. Esse é o aspecto pelo qual o detalhe se aproxima do elemento. Mas há outro aspecto do detalhe, que Daniel Arasse nos faz descobrir.

De-talhar

Seguindo a história do detalhe na pintura (e, sobretudo, na do Renascimento)[7], como historiador erudito e artista hipersensível, Daniel Arasse dá nova vida ao que podia até então parecer acessório. Proporciona à vista formas despercebidas, passagens esquecidas, enfim, o que a história da arte clássica deixara de lado: restos. Mas isso não é tudo: ele descobre também algumas práticas surpreendentes para nós. Entre estas, a de-talhagem[8].

Do que se trata? Alguns possuidores de quadros talhavam (recortavam e extraíam) uma parte, um detalhe que lhes agradava particularmente numa obra, por puro prazer estético e egoísta, ou para tirar proveito financeiro; essa detalhagem constituía um objeto à parte, destacado do conjunto e vivendo, a partir de então, sua própria vida, autônomo e, como poderíamos dizer, "fechado em si mesmo como um ouriço"[9]. É o caso das mãos do *Retrato de Pompeius Occo,* de Dirck Jacobsz, ou da planta dos pés do apóstolo ajoelhado no primeiro plano do *Coroamento da virgem* de Dürer. Se essa prática não era corrente, ela não parecia, entretanto, inabitual ou ilegítima aos amadores de pintura. O que nos parece hoje iconoclastia pura foi certamente um ato de amor (ainda que amor por dinheiro), e

7. Daniel Arasse, *Le détail.* Pour une histoire rapprochée de la peinture, Flammarion, 1992.

8. Do francês *détaillage.* [N.T.]

9. A fórmula é de Friedrich von Schlegel.

aproxima o detalhe extraído do fragmento encontrado. Essa prática de recorte é algo instintivo, primário, animal, assim como se apoderar de um espólio para levá-lo ao seu esconderijo, para deixá-lo abrigado e desfrutá-lo sozinho. Uma espécie de pulsão. Fragmento de-talhado e, mais tarde, alcançado pela ciência do historiador da arte e reinserido em seu conjunto. Restituído.

Um ouriço no muro

Essa prática do recorte não está reservada apenas ao trabalho manual de de-talhagem da tela; existem operações mais sorrateiras, por assim dizer, da ordem da escrita. Ao pensar em "detalhe ou fragmento?", lembro-me de John Ruskin[10] e da Bíblia de Amiens. Eu guardei a lembrança da figura minúscula de um "homenzinho", de dez centímetros no máximo, que ele descobrira, esculpida num dos portais da catedral, em meio a centenas de outras e da qual ele dava uma descrição comovida e entusiasta. Pus-me a procurar o livro para descobrir (por minha vez) que ele absolutamente não falava a seu respeito. Como eu havia "pulado" o prefácio de Proust para ir ao ponto mais urgente, vi-me na obrigação de voltar a ele. E lá encontrei final-

10. John Ruskin (1819-1900), escritor e artista britânico, particularmente famoso por seus trabalhos como crítico de arte. Entre suas contribuições, está *The bible of Amiens* (1884), concebido como a primeira parte de uma série – nunca concretizada – sobre a história do cristianismo. O livro foi traduzido em francês por Marcel Proust em 1904. [N.T.]

mente esse homenzinho que habitava não a catedral de Amiens, mas a de Rouen, onde Proust fora buscá-lo para falar da catedral de Amiens[11]. Esse desvio, que lhe é habitual, quase me desencaminhou, mas eu finalmente consegui meu "detalhe"; ou então era um "fragmento" que Ruskin isolara, destacado da pedra, cortado dos demais habitantes e deixado numa espécie de autarquia? Duplamente retirado de seu contexto, uma vez por Ruskin e outra por Proust – e pus-me a buscá-lo, desta vez desenhado pelo autor, em outro livro[12].

Pela magia de uma dupla escrita, essa pequena figura de alguns centímetros, perdida em meio a centenas de figuras minúsculas no portal dos livreiros da catedral de Rouen, tinha se tornado um fragmento? Resposta ambígua, bastante normanda, entre o sim e o não.

"Perfeito em si mesmo, como um ouriço"[13], o fragmento se mantém só, destacado, e recusando até mesmo qualquer vínculo. Ora, o detalhe, mesmo quando isolado pela detalhagem, permanece ligado a um contexto, pode ser restituído ao suporte de conjunto; trata-se de uma forma mista que se assemelha, ao mesmo tempo, ao elemento e ao fragmento; nessa condição, ele pertence, na ordem das

---

11. John Ruskin, *La bible d'Amiens*, prefácio, notas e tradução de Marcel Proust, Mercure de France, 1904.

12. John Ruskin, *Les sept lampes de l'architecture* (1849), Kincksieck, 2008, p.186 e gravura XIV.

13. A esse respeito, ver Philippe Lacoue-Labarthe e Jean-Luc Nancy, *L'absolu littéraire. Théorie de la littérature du romantisme allemand*, Seuil, 1978; Maurice Blanchot, *L'entretien infini*, Gallimard, 1969, cap. III; e, de minha autoria, *Court traité du fragment. Usages de l'œuvre d'art*, Aubier, 1986.

razões, a um conhecimento especializado, refinado e atravessado pela retórica[14].

Uma mania de fragmentos

Num curto relato cruel, Alberto Manguel conta a história de Antoine Vasanpeine[15], "um amante detalhista"[16]. Fotógrafo autodidata e apaixonado por detalhes, Vasanpeine capta bocados de corpos humanos, um dedo, uma mão, um pulso, a curva de um pescoço, de uma nuca, e a visão desses múltiplos estilhaços o encanta, arrebata-o, sem que ele jamais conceba ou deseje ver a totalidade da qual esses bocados fazem parte: um corpo em sua inteireza. Por isso, quando ele encontra uma "pequena criatura" com formas perfeitamente redondas e quando vê que seu "corpo esférico em sua nudez quase total [...] apresentava-se agora a ele uma criatura que era, ao mesmo tempo, todo e detalhe, soma de partes e unidade singular, coerente e monádica [...] [,] [o] amor o submergiu". O desafortunado fotógrafo, agarrado ao muro para captar a visão de sonho, despenca com grande estrondo. E, quando ao retornar ferido ao seu quarto, ele revela o negativo, não reconhece mais a figura

14. Esse debate sobre o detalhe e o fragmento alimentou as discussões com Daniel Arasse: ele era partidário do detalhe (ao qual dedicou um maravilhoso trabalho, *Le détail. Pour une histoire rapprochée de la peinture*), e eu dizia não se tratar de um fragmento no sentido de Schlegel.

15. Na verdade, o nome da personagem de *O amante detalhista* é Anatole Vasanpeine. [N.T.]

16. Alberto Manguel, *Un amant très vétilleux*, Actes Sud/Leméac, 2005.

que tanto perseguira. A mania espreita o detalhe ou o fragmento privados de seu todo.

O relato de Alberto Manguel encena o destino trágico de uma fragmentação extrema, levada à paixão. Paixão que encontra, de repente, seu limite e seu fim: a visão de uma totalidade incluindo harmoniosamente os fragmentos desconjuntados aniquila, de uma só vez, o desejo do fragmentista.

Compreende-se que o conhecimento não queira incomodar-se com tais desvios. Para trilhar seu caminho, ele deve manter em vista o projeto em seu conjunto e não distrair-se dele: conhecer o maior número possível de elementos do objeto visado e arranjá-los da maneira mais coerente, podendo relacionar-se a outros conhecimentos coexistentes no mesmo campo ou num campo mais amplamente aberto.

Ora, o fragmento não somente interrompe esse processo de construção almejada, mas levanta a questão, irritante, de saber para que servem explicações, razões, motivos de uma coisa ou de um acontecimento; segundo a lógica infantil, o fragmento responde "porque sim..." ao pedido de explicações que o conhecimento suscita.

Em relação ao conhecimento tal qual ele pretende ser, a existência de fragmentos soltos não pode ser levada em consideração; os fragmentos são "restos".

O QUE QUER O CONHECIMENTO

> O conhecimento não começou, pois
> a descrição do mundo não
> começou.
>
> Denys Ridrimont[1]

Numa de suas *Observações filosóficas*, Wittgenstein apontava: "(se) a filosofia desata nós em nosso pensamento, o ato do filósofo é tão complicado quanto o nó que ele desata"[2].

Nós já tivemos de lidar com o nó constituído pela proximidade entre fragmentação e fragmento, e tivemos, em seguida, de distinguir o fragmento do elemento e do detalhe. O saber partiu, assim, de um lado, com seu espólio de multiplicação de saberes e de elementos de construção, enquanto detalhes e fragmentos foram deixados de fora.

No caminho, embora tenhamos descoberto que a máquina teórica pareceria formar-se a partir do ou dos saber(es), não sabemos, de modo algum, de que espécie seria(m) esse(s) saber(es). Do tipo numeroso? Múltiplo?

---

1. Denys Ridrimont, *Lettre à Anne*, Éditions Allia, 2000.
2. Ludwig Wittgenstein, *Remarques philosophiques*, Gallimard, 1975.

Estaríamos então na situação de acrescentar nós ao problema ao procurar desatá-los. Se é esse o preço a pagar para o autor (e, portanto, também para o leitor), coragem! Não fujamos.

O problema com os nós é que, para desembaraçá-los, é preciso passar novamente pelos mesmos laços e voltar ao que já foi desatado. Assim, devo falar novamente da fragmentação, desta vez na sua relação com a multiplicação e a multiplicidade, e da relação que mantêm entre si essas duas variações do múltiplo.

Aspectos múltiplos do múltiplo

Algumas palavras sobre a ideia que temos do múltiplo. Desde Sócrates, o múltiplo está associado à desordem, às aparências, à desarmonia, qualidades que se opõem todas, ponto por ponto e "naturalmente", ao verdadeiro, à beleza e à ordem, isto é, ao Um. Da mesma forma, a opinião se opõe à verdade; o incorruptível, à dissolução dos corpos e às suas mudanças; a eternidade, à limitação temporal. Uma sequência de opostos se constitui, assim, numa árida coluna esquerda/direita, preto/branco, como a espinha dorsal do conhecimento. Esquematicamente, essa coluna dorsal instrui o conjunto a respeito do que acreditamos saber e dos valores que celebramos. Assim, dizemos que o autêntico e o original são "melhores" do que o falso e o artificial; a verdade, do que a mentira; o saber, do que a ignorância; e, durante muito tempo, atribuímos maior valor à mão direita do que à mão esquerda (da qual a *gaucherie*[3] é apenas o menor dos derivados).

Mas por que o múltiplo ou a multiplicidade se encontram do lado errado da coluna? Em que eles se relacionam ao falso, ao inautêntico, à opinião ou à mentira? Não poderíamos inverter a imagem e estabelecer que a multitude "vale" mais do que a unicidade; a alteridade, mais do que a monorrigidez; e que, além disso, a individualidade é detestável e que apenas a massa importa? Não são pluralidade, multiplicidade, alteridade e heterogeneidade valores hoje até mesmo celebrados na política assim como nas artes? Se retivermos esse ponto de vista, descobriremos acepções bem diferentes do termo "múltiplo", correspondendo a campos particulares, onde, de encontro à vulgata, múltiplo e multiplicidade são buscados por si mesmos.

E nós, em busca do conhecimento, do que ele "quer", deixamos de lado a adição de saberes particulares: esse saber múltiplo de que fala Heráclito. Vimos também que o conhecimento deixa de lado o fragmento e aceita o detalhe apenas para análise. Ao que parece, o conhecimento quer, portanto, a unidade; e a filosofia – que supomos representar a sua forma mais aproximada – estabelece o Um como princípio e a unidade de um pensamento como conhecimento reto. Esse é o modelo que sumariamente evoquei, qualificando-o de espinha dorsal. Esse esquema dicotômi-

3. Palavra derivada da palavra *gauche* (esquerda) e que designa a carência de habilidade, de graça, de agilidade. O termo pode designar ainda a ação cometida por uma pessoa inábil. [N.T.]

co funcionou durante séculos como uma bela máquina, e, embora ela esteja ultrapassada pelo que ela deixou de lado, continua a funcionar hoje com uma espécie de obstinação, particularmente quando se trata de julgar uma prática, um exercício.

Ora, é nesse terreno, da prática, que se revelam as propriedades do múltiplo. Paradoxalmente, elas nunca se revelam tão bem quanto na relação com o Um. Assim, no léxico filosófico de sua *Metafísica*, no capítulo VI, que diz respeito ao Um, Aristóteles enumera as diversas formas que podemos qualificar de múltiplas.

> O que consideramos como múltiplos são seres não contínuos, ou os seres que não são unos especificamente, ou aqueles cuja definição não seja una; mas, para que uma coisa qualquer seja una, é ainda preciso um todo, isto é, que ela seja una por sua forma. Não falaríamos de unidade vendo dispostas em desordem, uma perto da outra, as partes do sapato, é somente quando há não simples continuidade, mas um arranjo tal que se tenha um calçado com uma forma una e determinada.[4]

Sim, o múltiplo é aceito a partir do momento em que ele é "arranjado" numa forma determinada, um todo a que podemos chamar calçado, finalidade e causa derradeira das diferentes partes dispostas lado a lado ou em desordem. Um calçado, ou então a totalidade da pequena criatura de Antoi-

4. Aristóteles, *Metafísica*, Livro IV, 6, 10-15.

ne Vasanpeine, ou um monumento, ou um objeto qualquer, ou ainda uma máquina, ou, melhor ainda, no que diz respeito ao meu propósito: uma máquina teórica, sendo que todas as suas partes concorrem para um fim, uma totalidade una. E o que une essas partes e as "arranja" entre si é um pensamento atravessante (*dianoia*) que, revisitando as partes (de um calçado, de um homem, de Corisco[5]), conduz ao conhecimento (*noos*) completo da entidade calçado ou Corisco.

O caminho da *dianoia* vai do objeto presente, imperfeito, acidental, e de seus aspectos fracionados, até o ser-uno desse mesmo objeto e seu conhecimento completo. Ao fazer isso, a *dianoia* constrói a unidade que ela ambiciona e lhe confere o ser, anulando sua fragmentação.

Multiplicidade e possíveis

Anular, passar adiante, ignorar: primeiros atos do conhecimento diacrítico perante as partes do objeto considerado.

O leito de Ulisses[6], detalhado parte por parte, é apenas um aspecto acidental, conjectural, do leito único que a

---

5. Corisco (Κορίσκος), amigo de Aristóteles e de Teofrasto, aparece de maneira recorrente nos textos de Aristóteles; na *Física*, IV, 219b, ele está no fórum ou no Liceu, na *Metafísica*, IV, 6, 10-15, ele é justo e músico, e, nas *Refutações sofísticas*, 24, 179b, ele está velado e avança. Como o famoso Carlos, o Calvo, entre os linguistas contemporâneos, trata-se de um suporte-pretexto de teorias, mas trata-se também de uma pessoa, de um indivíduo real, próximo do autor.

6. Homero insiste na singularidade desse leito, que permite a Penélope reconhecer Ulisses entre todos: "Existem segredos maravilhosos nesta cama habilmente esculpida: apenas eu [Ulisses] a construí, e ninguém mais a tocou com suas mãos. – No interior do pátio, elevava-se antigamente uma soberba e vigorosa

dianoia constrói a partir de todos os outros leitos possíveis – igualmente conjecturais, como o meu, o vosso, o de Napoleão ou de Luís XIV. Mas o que a *dianoia* quer ignorar está aí, bem real, existindo como uma multitude concreta: a população de todos os leitos possíveis. Assim, a multitude habita a unidade. Essa multitude é real, e, se não podemos, apreender cada uma das expressões da unidade leito, ou cada indivíduo que exprime a unidade "homem", existe, de algum modo, um pensamento – e, desta vez, não a *dianoia*, mas o *noos*, o conhecimento completo que os conhece todos, um por um em sua singularidade e completamente, isto é, todos, por todos os ângulos e de acordo com o único. Da mesma forma, cada indivíduo particular dessa multitude carrega em si uma infinidade de possíveis – uma multitude de outros ele-mesmo – da qual ele realizará apenas uma parte, o que não exclui a existência simultânea de todos esses ele-mesmo, presentes e não presentes.

Adão, Corisco e as *possibilia*

A individuação de uma unidade entre a multitude dos outros possíveis é, por exemplo, este homem: Adão. Ele é *um* entre a infinidade do *Adão vago* de que fala Leibniz, so-

oliveira de folhagem espessa cujo tronco era tão grosso quanto uma coluna. Em torno dessa oliveira, construí o quarto nupcial, com pedras estreitamente unidas; cobri-o com um teto e fechei-o com portas que se encaixavam exatamente. Cortei então o cume da oliveira e, após ter serrado o tronco a partir de sua raiz, eu o poli inteiramente com bronze, alinhei-o com um cordel, perfurei-o por todos os lados com um trado e formei com ele o pé de minha cama, que moldei com o maior cuidado e que ornamentei com ouro, prata e marfim; em seguida, estendi, por baixo, correias de couro tingidas de vermelho" (Homero, *Odisseia*, canto XXIII).

ma de todos os Adãos possíveis, conjunto de sua multitude no entendimento de Deus, que os pensa todos nas modalidades infinitas de sua existência[7].

Esse *Adão vago* é a porta de entrada para a infinidade dos mundos possíveis e não carece de interesse para as máquinas teóricas que me esforço em perseguir. Com efeito, para ser uma máquina teórica digna desse nome, é necessária a mesma operação de individuação que conduz do *Adão vago* ao indivíduo Adão, o que está aqui, este homem. Operação que conduz, da mesma forma, de todas as máquinas teóricas possíveis a esta máquina teórica que está aqui atualmente, mas já de outra maneira, e em outro lugar no futuro. Pois a máquina atualmente aqui, em funcionamento, compreende todas as máquinas possíveis potencialmente desenvolvíveis.

Essa possibilidade faz reluzir a multitude de elementos *destacáveis* da unidade principal. Em relação a Corisco, "ser justo" ou "ser músico" são possíveis, eles podem ser suprimidos ou trocados por outros possíveis, como "ser branco" ou "estar no fórum", podem adicionar-se ou desaparecer. Uma nuvem de possibilidades envolve o homem concreto Corisco. Uma multitude de Coriscos cerca Corisco, o que não abala, de maneira alguma, a unidade que é Corisco.

---

7. Encontra-se essa expressão surpreendente e sedutora em Leibniz: nos *Novos ensaios sobre o entendimento humano*, na *Teodiceia* e na *Correspondência com Arnaud*. Ver, a esse respeito, o artigo de Sébastien Madouas, "L'Adam vague et la constitution des mondes possibles", em *Actualité de Leibniz, les deux labyrinthes*, Décade de Cerisy, 1995. A despeito de minha vontade, não iniciarei aqui uma copla sobre os mundos possíveis, esse número solo seria inoportuno no argumento geral, mas sugerir que ele poderia ocorrer me parece indispensável.

Da mesma forma, uma máquina teórica comporta partes destacáveis, repudiáveis de certa forma, o que lhe permite durar. Assim, pode-se facilmente ridicularizar a parte biológica da máquina-Aristóteles e separá-la desta (o que penso ser uma pena, pois sua leitura muito me agrada), sem prejudicar a coerência e a identidade da própria teoria nem a sua longevidade.

Essa longevidade se deve à capacidade da máquina de se transformar com e de acordo com o tempo.

Máquinas inteligentes, autopoiéticas, como aquelas que a biotecnologia contemporânea produz em laboratório ou como aquelas que a tecnologia digital faz funcionar em seu mundo, agem sobre a multitude de seus possíveis, desenvolvendo uma ou outra de suas faces, segundo a ocasião.

O tempo das máquinas[8]

Um hóspede, que havíamos até aqui ignorado, convida-se para o nosso debate: *uma máquina teórica é uma máquina que dura no tempo*. O tempo estava ausente de nossas análises sobre os fragmentos, detalhes e elementos, nas quais invocávamos somente o espaço. Mas não podemos conceber o múltiplo sem a dimensão temporal. Motor do múlti-

8. Ver Edmond Couchot, *Des images, du temps et des machines dans les arts et la communication*, Jacqueline Chambon/Actes Sud, 2007. Nessa obra, Couchot insiste, particularmente, no papel dos relógios na invenção do tempo: esses relógios e sua organização cada vez mais complexa formatam nossos modos de viver e de pensar, o que o tempo numérico, dito "real", e seus usos nos fazem conceber concretamente.

plo, o tempo é sua matéria-prima. Existe um relógio interno às teorias, uma espécie de acerto de ponteiros, ou, inversamente, de desclassificação.

A repetição – a primeira ação do tempo, sua primeira aparição como elemento motor numa máquina, é a repetição. Mais uma vez, esse mecanismo; mais uma vez, esse movimento, o mesmo, mas deslocado no tempo; sucessão quase mecânica cuja ilustração mais perfeita se vê no filme de Chaplin, *Tempos modernos*. As máquinas teóricas não diferem nesse aspecto das que estão nas usinas (ver, em Descartes, a quinta de suas *Meditações*, que tem por título "E novamente de Deus, que ele existe"[9]). As notas, dilações e retomadas são numerosas. Os argumentos se repetem, ainda que as conclusões divirjam levemente. A repetição garante a boa compreensão. Ela imobiliza a palavra, fixa-a na mente do leitor. Mantém o conjunto firme. Talvez essas repetições adquiram até mesmo a forma de *ritornelos*[10], marcando o passo de dança da filosofia. Todos os passos de dança se repetem, diferem e se repetem novamente, num encadeamento cadenciado. O movimento em três tempos

---

9. Guardo uma lembrança bastante negativa desse "novamente", pois, interrogada sobre as *Meditações* – no exame oral do Capes [N.T.: Certificado de Aptidão ao Professorado do Ensino do Segundo Grau], acredito – eu atribuía bravamente à quinta Meditação o título: "E de Deus, de novo!". Sorrisos zombadores de meus examinadores.

10. Gilles Deleuze e Félix Guattari desenvolvem em *Mille plateaux* (t. 2, Éditions de Minuit, 1980, p. 397 e 418) uma teoria geopolítica sobre o *ritornelo*, apresentando-o como o motor e o "fabricante do tempo", o da territorialização, cujo devir é o de uma desterritorialização (possível e certamente esperada). Talvez eu siga nessa direção ao pensar o *ritornelo* fixando os limites e as bases de uma máquina teórica, o instrumento de uma coreografia.

da marcha do espírito em Hegel é retomado, repetido, época por época; e esse ritmo ternário retorna como um tímpano[11], esculpindo toda a sua obra, da estética à história das sociedades. Mas esse esquema não permanece confinado apenas à máquina hegeliana, interna à sua obra; ele se exporta. A política e a lógica argumentativa dele se alimentam.

De tanto se repetir, o ritmo se impõe, como um refrão do qual não conseguimos nos livrar e que, quanto mais simples, mais lancinante se torna. É nesse aspecto que ele pode ser considerado repressivo, enrijecido, coercivo. Mas é precisamente isso o que "quer" a máquina: inscrever-se profundamente, incrustar-se no pensamento, traçar nele um sulco que não se pode esquecer. E era isso também o que almejava a carta de Epicuro e suas recomendações: "é preciso rememorar-se o modelo do conjunto da doutrina; [...] produzir continuamente na memória o esforço necessário para que seja projetada nas coisas a apreensão capital"[12].

Redundância – a repetição, que desempenha um papel essencial na difusão da teoria, pelos comentários iterativos que implantam e perseveram, é igualmente útil em seu aspecto de "redundância". Figura de retórica, a redundância força a repetição, e pode-se pensar que, ao forçá-la, ela a imobiliza ainda mais; mas existem outros usos da redundância; na indústria aeronáutica, por exemplo, é sinônimo de segurança, de confiabilidade; ela torna disponível um

---

11. Instrumento musical de percussão, muito utilizado em orquestras. [N.T.]

12. Jean Bollack, Mayotte Bollack e Heinz Wismann (ed.), *La lettre d'Épicure à Hérodote, op. cit.*

sistema de socorro que pode ser utilizado em caso de falência do sistema principal. Existe, assim, um jogo de repetições na expectativa de atividade, cujo *status* é bastante ambíguo: o sistema redundante existe concretamente, não se pode dizer que seja virtual, mas somente que está em estado de vigília, semivirtual. A repetição, longe de fechar-se em si mesma, oferece então um jogo de substituições a serem utilizadas "quando for o caso".

Podemo-nos perguntar o que desempenha o papel de redundância no caso de uma máquina teórica. Seriam, por exemplo, as diferentes "Respostas às objeções", "Cartas", "Refutações" e "Animadversão" às quais se dedicou a maioria dos filósofos para dar amparo às suas teorias? Com efeito, vê-se que os debates – por exemplo, os que ocorreram entre Leibniz e Arnaud a respeito do Adão vago – ou então os retoques, resumos e reforços teóricos, sob a forma de livros como *O que é filosofia?*[13] ou *Le différend*[14] [O diferendo], servem para repetir os mesmos argumentos, mas sempre retomados por um ângulo diferente e, de algum modo, arranjados de acordo com a demanda.

Quando não são os próprios autores, são os comentadores que se encarregam dessa tarefa delicada: repetir diferindo e tornar-se transparentes ao mesmo tempo que presentes na obra que comentam. E as máquinas filosóficas não são as únicas a gozarem desse privilégio de simulta-

13. Gilles Deleuze e Félix Guattari, *Qu'est-ce que la philosophie?*, Éditions de Minuit, 1991.

14. Jean-François Lyotard, *Le différend*, Éditions de Minuit, 1983.

neidade: as máquinas romanescas e as máquinas poéticas se alimentam também dessas repetições, redundâncias e análises que tornam certas obras duráveis – quando não imortais.

"... Com um fervor prévio e uma misteriosa lealdade."[15]

Pois repetir é também ler, escandir, interpretar: a voz de um leitor põe um fino véu transparente sobre o texto lido, e essa magra camada vocal impregna tão fortemente o original que ele se torna indissociável da voz. É por isso que eu mesma não posso ler *Salammbô*[16] sem o ouvir na voz de minha mãe – ela o leu para mim do início ao fim durante os dias de uma longa doença. São as mesmas ênfases que impregnam os textos comentados, pois a voz do comentador, sua maneira de falar, seu estilo *se ouve*, estabelecendo uma ressonância, uma sonoridade particular sobre as máquinas filosóficas que ele comenta[17] com um tom particular, num concerto com outros comentadores. Nesse concerto não há, na verdade, nem antes, nem depois; a obra e seus comentários formam um todo, o predecessor – invertendo a marcha tradicional do tempo – é frequentemente

15. Jorge Luis Borges, *Enquêtes*, Gallimard, 1967 (a respeito do livro clássico).

16. Romance de Gustave Flaubert, publicado em 1862, que propõe um retrato ficcional da vida na antiga Cartago. [N.T.]

17. "Retornem aos textos", dizem os professores, só que justamente não o podemos fazer, envolvidos que estão em seus restos, isto é, as análises e comentários que os cercam e que põem em grande perigo a pureza do texto original, aliás inatingível.

recriado, ou até criado por quem lhe sucede. É o que mostram Monique Dixsaut e Aldo Brancacci na obra que dirigiram, *Platon, source des présocratiques*[18] [Platão, fonte dos pré-socráticos], obra cujo título já surpreende: como o que vem "depois" cronologicamente (Platão) pode ser a fonte do que veio "antes" (os pré-socráticos)? A cronologia a que estamos acostumados se vê perturbada; e, para minha grande satisfação, a exploração conduzida nesse estudo conforta as primeiras fases de minha própria pesquisa sobre as palavras poéticas e sábias dos primórdios, precedendo até mesmo os termos filósofo e filosofia. É, portanto, um artifício essa apelação "pré-socráticos", que abrange uma realidade múltipla, intensa e, sobretudo, diferente daquilo a que se chama a história da filosofia. Na verdade, esses poetas e sábios e essa palavra arcaica estão presentes como *precursores* dos filósofos posteriores, e não somente como *predecessores* no tempo, e é na condição de precursores que eles permanecem intimamente ligados às obras dos filósofos, atravessando-as e, ao mesmo tempo, alimentando-as. De certa forma, habitando-as.

Dessa separação antes/depois e precursores/autores posteriores, o Oulipo, por intermédio de Pierre Bayard, faz um jogo espantoso com uma ironia corrosiva e algo provocante. Seu livro *Le plagiat par anticipation*[19] [O plágio por antecipação] apresenta a personagem de Voltaire, Zadig,

18. Monique Dixsaut e Aldo Brancacci (dir.), *Platon, source des présocratiques. Exploration*, Vrin, 2002.
19. Pierre Bayard, *Le plagiat par anticipation*, Éditions de Minuit, 2009.

como plágio da personagem de Conan Doyle, Sherlock Holmes. A ordem cronológica é aqui invertida; o predecessor se torna *plagiador* daquele que ele precede. Bayard carregou nas tintas, mas acertou em cheio. Não é lendo os feitos de Sherlock que podemos perceber como Zadig é um hábil detetive? É, de fato, Sherlock que revela o talento de detetive da personagem de Voltaire.

Borges, por sua vez, não diz algo diferente; é, para ele, evidente que "um grande escritor cria seus precursores e, de certa maneira, justifica-os. Assim, o que seria de Marlowe sem Shakespeare?"... da mesma forma, afirma, que "o *Wakefield* de Hawthorne prefigura Franz Kafka, o qual modifica e refina a leitura de *Wakefield*"[20].

Vê-se aqui que o tempo brinca de esconde-esconde com as máquinas teóricas; pois não se trata de um tempo mecânico, com o que esse termo implica de monótona uniformidade nas tarefas; em contrapartida, no que diz respeito às grandes máquinas teóricas, a simplicidade da repetição se complica assim que procuramos analisar a sua utilização.

Repetição e redundância interna ou externa à teoria se relacionam com um passado reafirmado como presente – diz-se novamente agora o que já foi dito. Comentários e análises críticas de uma máquina teórica introduzem o conteúdo de um passado determinado no presente do comentário, com todas as torsões – por mais controladas que sejam – que essa situação comporta. Torsão e desvio que evi-

20. Jorge Luis Borges, *Enquêtes, op. cit.*

denciam um aspecto paradoxal do comportamento do tempo, a *simultaneidade* de seus diferentes momentos.

Se algo deve vir perturbar a rígida separação entre o um e o múltiplo, é precisamente esse aspecto do tempo que transforma a multiplicidade das sucessões passadas e vindouras numa única entidade temporal. Apresentando-as "presentemente". Isto, aquilo, tudo junto, agora.

Simultaneidade – é uma questão difícil de pensar, e é até mesmo dificilmente imaginável que os momentos do tempo possam encontrar-se reunidos a ponto de formarem um só. Ainda que não tenhamos a intuição de um momento em que a confusão dos tempos parece evidente – o êxtase, o transe talvez –, hesitamos, e preferimos as análises em pequenas partes reunidas, nuançando quase ao infinito as passagens, como faz Husserl, sendo que projeção e retenção praticamente estendem a mão uma à outra, sem, contudo, fundir-se[21].

Ora, a simultaneidade também é e talvez até mesmo seja a única porta para pensar os possíveis como realmente presentes. É preciso que deixemos a sucessão anterior/posterior para pensar verdadeiramente o futuro, a posteridade. O desenvolvimento ao infinito de todos os Adãos presentes ao mesmo tempo no Adão particular que está aqui. Da mesma forma, é preciso que nos desviemos da sucessão passado/presente para imaginar todas as máquinas-Aris-

21. Edmund Husserl, *Leçons pour une phénoménologie de la conscience intime du temps*, PUF, "Épiméthée", 1964. Os momentos do tempo na lembrança são "sequências renovadas de aparições possíveis", e "a intuição do tempo em cada ponto de sua duração" é "consciência do *recém-acontecido*", seção II, § 12 e 29.

tóteles possíveis contidas na Grande Máquina-Aristóteles, no mesmo momento em que, desprezados, os rolos originais jaziam nos subsolos úmidos da casa dos descendentes de Neleu (o filho do Corisco de quem ele frequentemente fala em seus textos) num estado lamentável, inteiramente roídos e comidos pelos vermes, antes que o que restava deles fosse finalmente comprado por Apelicão de Teos[22] para sua biblioteca.

É certamente preciso uma imaginação metafísica que faça passar por cima e para o outro lado os fatos patentes para conceber o não concebível como a figura conceitual da simultaneidade e aquela, conjunta, das *possibilia*. É preciso Leibniz. E é certamente essa imaginação que faltava a Arnauld quando, em suas cartas a Leibniz, se indignava com a possibilidade de seu "eu" ser outro e abrigar outros "eu(s)" de número infinito[23].

Para ter uma ideia mais sensível da abstração que representa para a nossa compreensão o que é um tempo simultâneo, podemos apelar a Corisco, isto é, a uma lógica modal, mas também à prática musical em sua forma contemporânea.

---

22. Rico cidadão ateniense, originário de Teos e famoso colecionador de livros do século I a.C. [N.T.]

23. Arnauld, trecho da carta a Leibniz de 5-15 de abril de 1686: "Ademais, Senhor, não sei como, tomando Adão como exemplo de uma natureza singular, podemos conceber vários Adãos possíveis. É como se eu concebesse vários eu possíveis, o que seguramente é inconcebível. Pois não posso pensar em mim sem me considerar uma natureza singular, de tal forma distinta de qualquer outra existente e possível que tanto não posso conceber diferentes eu quanto [...]." A correspondência de Leibniz com Arnauld gira em torno do Adão vago e dos Adãos determinados como Adãos possíveis. É uma comunicação saborosa, vívida, acerba e soberanamente intransigente, mas repleta de reverências e fórmulas de polidez. Um festival!

Com efeito, Corisco vem novamente nos auxiliar aqui. Quando ele se aproxima velado, encontro-me nesse momento de dúvida em que dois universos se encontram mesclados: aquele em que reconheço Corisco até mesmo sob o véu, e aquele em que não o reconheço. Corisco se desvela; ainda se trata realmente dele? Eu o teria reconhecido, ainda que não fosse ele? Ou era realmente ele? Durante o tempo em que ele se encontra velado, avançando na minha direção, é percebido sob o signo do "se" e do "talvez". Ele não pertence nem ao passado, nem ao presente, nem ao futuro; seu reconhecimento como sendo verdadeiramente Corisco está em suspenso; Corisco existe apenas discretamente, potencialmente. Desvelado, reconhecido como Corisco, ele entra no presente não condicional, ele adquire densidade. É realmente ele.

Trata-se, no caso, de uma simultaneidade "modal", isto é, de uma forma de modalidade que obedece ao "se" e ao "talvez", em que verdade e falsidade são equivalentes, e podem sustentar-se "ao mesmo tempo", dando razão aos sofistas contra Aristóteles[24].

Não obstante, é em outro registro, o da arte, que a simultaneidade dos tempos se percebe da maneira mais sensível. A música em particular pode ser denominada "poética da multiplicidade[25]", segundo a bela fórmula de Daniel Charles.

---

24. Em *Refutações sofísticas*, Aristóteles combate o sofisma que consiste em sustentar ser possível conhecer não conhecendo.

25. Daniel Charles, *Musiques nômades*, Kimé, 1998.

Multiplicidade, sons e ruídos

Por que essa poética teria algo a ver com a simultaneidade dos tempos? Na música, simultaneidade não remete apenas à prática polifônica, aos acordes compostos, ao encobrimento de uma sonoridade por outra ou ainda às mixagens, embora, nesses casos, uma multiplicidade de sons seja efetivamente dada em conjunto e percebida no mesmo instante; com efeito, não há necessidade alguma dessas mixagens ou superposições para reconhecer que nenhum som percebido é simples ou único: ele é sempre composto; uma emissão oral é um composto de fibras, filamentos sonoros que vibram no interior do som percebido e formam o "tom" dessa voz. Murmúrio do qual Barthes muito sagazmente falou.

Num registro conceitual, pode-se dizer que a dimensão temporal é a fibra essencial da música[26], trançando os momentos do tempo numa sequência sempre inacabada; quando percebemos essa sequência de ruídos a que chamamos música, apreendemos a multiplicidade dos tempos no momento único de sua captura; "o ser do que ainda não é" é dado na simultaneidade dos tempos presentes e passados. E essa dimensão temporal que é o próprio espírito da música está organicamente ligada à existência dos mundos possíveis. Estamos diante do "conjunto não somente dos sons existentes, mas dos sons suscetíveis de surgir e da totalidade de suas combinações possíveis"[27].

26. *Ibid.*, p. 119: "Nunca houve história que não fosse fibrosa".
27. *Ibid.*, p. 223.

Não é o comentário infinito que faz com que a obra (a máquina) entre nas *possibilia*; é a própria coisa, o musical, que reside nos possíveis e não é nada sem eles. Sua raiz está nesse "ainda não" de que fala Ernest Bloch; radicalmente, a música participa da utopia; mais do que isso, ela é utopia.

Todos os sons, todos os ruídos e, como logo veremos, todos os rumores pertencem ao universo dos múltiplos, que ameaça e é ele mesmo ameaçado pelo do Um. Reencontraríamos o deus Pólemos?

Como uma obra de arte

Se todos os possíveis de uma grande máquina teórica estão presentes ao mesmo tempo, para uma geração ou outra de comentadores, entretanto, nas circunstâncias particulares de sua época, essas possibilidades se atualizam sob a forma de um *universo* particular, recortado ou extraído do conjunto de todas as máquinas teóricas possíveis que o original contém. Assim, existirão tantos universos para a máquina em questão quanto existirem comentadores, ou até mesmo simples leitores. A questão da interpretação de uma teoria não se pode compreender senão a partir da existência simultânea dos possíveis dessa teoria. Vale para a teoria o mesmo que para uma obra de arte: as interpretações que ela ocasiona multiplicam a possibilidade que ela tem de durar. A universalidade da obra de arte, *a priori* incontornável, ao que parece, de todo juízo estético, é, na verdade, apenas a tradução espacial de uma longevidade ilimitada, resultante das opiniões que a sustentam. A *Mona Lisa* é sim universalmente conhecida, mas seria em razão de seu sorriso e dos fundos azulados da tela, ou porque ela está acompanhada de cinco estrelas nos guias turísticos? A multidão que se deslocou em 1911 para ver, na sala do Louvre, o espaço então vazio de onde a tela fora subtraída vinha para admirar a obra-prima imortal?

A longevidade das grandes máquinas teóricas, que resistem às mudanças de costumes, às culturas e aos modos de viver, às evoluções científicas e técnicas das épocas que elas atravessam deve-se a essa multiplicidade, aos numerosos comentários que elas suscitaram e continuam a suscitar e à grandíssima extensão dos campos que elas contemplam. A teoria de Aristóteles, por exemplo, trata de tudo e tem uma resposta para tudo. Biologia, zoologia, política, lógica, história, filosofia propriamente dita (metafísica), física, medicina, moral, retórica, poética, leis e constituições: um universo completo. O fato de que essas respostas frequentemente nos pareçam obsoletas ou nos façam rir por sua ingenuidade ou comicidade não abala em nada sua vitalidade. Sempre temos, diante das máquinas de Espinosa, de Kant, de Descartes ou de Hegel, o mesmo "fervor prévio e uma misteriosa lealdade"[28]. A captura de um desses possíveis não prejulga a existência de outras versões. E se a versão escolhida não é ou não reflete a própria "coisa" em sua totalidade, não se pode dizer que ela seja falsa nem que seja verdadeira (mais uma vez Corisco!).

---

28. Jorge Luis Borges, *Enquêtes, op. cit.*

ALGUMAS PROPOSTAS EXTRAÍDAS DA INVESTIGAÇÃO

Procurei dar um aspecto geral ao retrato de uma (grande) máquina teórica. Retomarei aqui, durante uma pausa, algumas das propostas e hipóteses que evocamos no percurso, repetindo-as para reafirmá-las (correndo o risco da redundância).

1. Fragmentos

Um primeiro passo levou a considerar "a máquina de reunir" pedaços de mundo – percepções desordenadas, humanidade balançada de um lado para o outro, insegura de si e de seu futuro –, preocupada em agarrar-se a preceitos: aforismos e palavras de sabedoria. Rapidamente organizados, unidos e razoados, esses "fragmentos" são digeridos ou então deixados de lado. O intento parece evidente: uma máquina intelectual quer a unidade, a coerência, o laço visível. Os encadeamentos.

2. Encadeamentos

Um método, para não dizer "o" método, revela-se. Um raciocínio – isto é, um laço explicativo que investiga como uma coisa provém de outra – vem preencher o hiato entre fragmentos sucessivos. Ele assume a forma "se não houvesse, então não haveria". Se o vazio não existisse, os átomos não teriam nenhum lugar onde se mover. E, se o vazio não fosse infinito, os átomos seriam limitados em número, e, se fossem limitados, toda mudança seria impossível, e, como eles formam os corpos por sua junção, o nascimento de novos corpos e a disjunção de alguns outros ficariam comprometidos, o mundo estagnaria, contentando-se em subsistir, inerte. Parte-se do fato constatado e remonta-se ao seu antecipante. Os indícios são semelhantes aos bastões que os corredores passam um para o outro; podem até falhar uma vez... isso não impede a corrida de continuar.

3. Saberes

Encadear, sim, mas é preciso saber o quê; conhecimentos são exigidos, astronomia, geometria, matemática, física, medicina, anatomia... é preciso encadear isso tudo para ter um sistema coerente[1]. Assim, o sistema estoico se baseia no encadeamento estreito da lógica e da física, acarretando uma moral que lhes é fiel. O de Epicuro une drasticamente

1. Essa noção de sistema é vizinha à de máquina, mas transporta para a nossa época elementos negativos demais para ser utilizada de maneira neutra.

a física e o ateísmo. Os saberes exigem um foco, um lugar que lhes dá vida, um "lugar" comum. Uma máquina intelectual se alimenta de saberes múltiplos, e o laço que os une constrói a identidade do sistema. É preciso, pois, que, longe de opô-los um ao outro, essa máquina faça coabitar o um e o múltiplo.

4. Possíveis

A condição para a duração de uma máquina teórica é ter a possibilidade de ser adaptada, reformada, quando não transformada, permanecendo, ao mesmo tempo, a mesma. Ora, essa condição somente é preenchida quando se realiza a hipótese fundadora dos *mundos de máquinas possíveis* onde essa máquina foi determinada a existir como singular. É a mesma hipótese das *possibilia* que sustenta o número quase ilimitado de comentários e de interpretações. A cada novo comentário, outra máquina emerge; outra e, no entanto, a mesma, como se ela pertencesse a outra parte do mundo. As diferentes camadas de comentários que recobrem as grandes máquinas teóricas as tornam finalmente insensíveis aos desgastes do tempo. Curiosamente, os autores de máquinas teóricas acrescentam comentários às filosofias de que se dizem adeptos e que eles criticam, fazendo-as entrar, assim, no ciclo de vida dos possíveis infinitos e entrando eles mesmos nele. Os comentadores fazem viver e perenizam sistemas e doutrinas. Uma máquina teórica é uma máquina abundantemente comentada. Não se contam mais as centenas de milhares de obras sobre Kant, Descartes, Aristóteles ou Platão. Essas análises, discussões, objeções ou até mesmo vulgarizações realizam em parte os possíveis da teoria. Elas os revelam, oferecem-lhes um palco; em resumo, desvendam-nos com maior ou menor brilho.

5. Pós-modernidades

É por isso que eu me manteria assaz reservada sobre o alcance dado às teses de Jean-François Lyotard em *A condição pós-moderna*[2]. Que as "grandes narrativas" não estejam mais adaptadas à nossa condição atual, que não "falem" mais nossa linguagem e se tornem, por isso mesmo, inutilizáveis e, portanto, ineficazes para a educação e não falem ao imaginário da geração da década de 1960, tudo bem; mas que essas grandes narrativas (que constituem tantas máquinas teóricas) sejam enterradas, destinadas ao esquecimento profundo das cidades perdidas, essa é outra história.

Por mais que o heterogêneo, o ordinário, o misto e o múltiplo nos seduzam hoje, as grandes máquinas teóricas resistem e produzem efeitos. Talvez elas sejam velhas ideias caducas, mas sua presença persistente não é ilusória. Se a mudança de paradigma reivindicada pelo pós-moderno atinge a esfera intelectual e artística, isso não significa que entrou na vida comum, nos modos comuns de ser, de pensar e de se comportar.

2. Jean-François Lyotard, *La condition postmoderne*, Éditions de Minuit, 1979.

Em vez de retomar o bordão da superação, não seria preciso, antes, interrogar-se sobre as "novidades" do pós-moderno, suas fontes e as relações que elas mantêm com as grandes teorias?

A hipótese de sua persistência no seio do novo paradigma poderia ser lida como o momento de uma dialética à maneira de Hegel, a superação retomando o antigo num círculo que se repetiria; entretanto, a hipótese que proponho aqui é inteiramente diferente: os modos e as atitudes de pensamento que a máquina teórica do conhecimento excluiu, relegando-os durante séculos à margem, reduzidos à condição de restos, isto é, de "possíveis impossíveis", não se estariam atualizando? Um retorno estrondoso? É o que a ascensão da *doxa* faz pensar.

Pois outro aspecto da eficácia das grandes máquinas teóricas é sua aplicação em nossas vidas cotidianas. No Ocidente, pelo menos, seguimos Descartes, pensamos segundo Platão, argumentamos com Aristóteles, e tudo isso ao mesmo tempo, num movimento permanente de ideias e de preconceitos, e, na maior parte do tempo, sem saber de onde vieram nem como se conciliam entre si... é uma situação bastante ambígua a dessa existência semivelada; se não somos historiadores da filosofia ou especialistas eruditos, geralmente não conhecemos nenhum desses sistemas ou máquinas teóricas senão por ouvir dizer e conveniência linguística. Assim, dizemo-nos cartesianos (os franceses, ao que parece, o são desde o nascimento), o que parece remeter a uma faculdade comum de raciocínio sensato. Faculdade que preside o destino da humanidade, os direitos dos homens e a moral republicana, para não dizer a moral pura e simples.

Há realmente, a despeito da obsolescência alardeada, e sob as atividades visíveis dos paradigmas pós-modernos, uma atividade teórica parcialmente velada e que funciona ao abrigo da ignorância, a qual denomino "máquina na mente".

PASSAGENS

Interessado
não pelo que há,
mas pelo que não há[1]

A resposta de um mestre a um discípulo – que pus em epígrafe aqui – diz algo que sabemos bem: olhar ao lado daquilo que visamos para vê-lo melhor, esquecer do que nos procuramos lembrar, pensar em outra coisa ou em algo vizinho para que a recordação "volte". O "ao lado" ou o nada, o esquecimento são auxílios preciosos na e para a vida cotidiana. Contudo, embora o saibamos e o utilizemos, aplicando frequentemente esse princípio de sabedoria na vida de todos os dias, não vamos além, e ignoramo-lo no campo do conhecimento ou do saber, onde deveríamos, no entanto, realmente o acolher; pois, quanto ao que existe, o que está aí, podemos vê-lo ou sabê-lo; mas e quanto ao que falta, o que não está aí? Não poderíamos pensar que é isso que é interessante? Essencial? Que é isso que se deveria observar?

1. Jean-Charles Angrand, *Recueil tch'an du crabe à huit pattes*, Éditions You-Feng, 1999.

Relacionando isso ao meu propósito, tratar-se-ia efetivamente de *olhar ao lado* das grandes teorias, ou, pelo menos, das que reinam em seu campo de aplicação. Assim ocorre (ocorreu) com o urbano. Permitam-me relembrar aqui uma experiência pessoal que remonta a uns quarenta anos: minha tese de doutorado tratava da cidade – uma filosofia da cidade, eu pensava[2] –, e eu encontrava diante de mim "Teorias" bem estabelecidas, das quais era preciso fazer o inventário crítico, exercício obrigatório e ingrato – uma exigência de tese. Como nenhuma parecia corresponder ao que eu procurava, é nos *ao lado* que eu encontrava do que alimentar minha pesquisa. Os discursos dos agentes da cidade formavam um tecido organizado, hierarquizado, dos diferentes poderes – metodicamente retomados pelos urbanistas, sociólogos ou mesmo filósofos –, mas deixavam de lado o que se mexia, o que mudava todos os dias, esse rumor urbano contínuo que mistura linguagem e maneiras de ser, hábitos e mitos, angústia e alegria, liberdades e obrigações, museus e bistrôs, espécie de fita de gravação permanente para a qual seria preciso manter os ouvidos abertos. Todo esse material fora ignorado pelos teóricos, ainda que alguns como Henri Lefebvre o tivessem considerado sem, entretanto, analisá-lo em detalhes. Mas esse magma que eu me propunha a explorar tinha, pelo menos, um nome? Pareceu-me então que *doxa*, esse tipo de conhe-

2. *Cinévilles*, "10/18", 1979. A tese foi publicada com o título "Cinévilles", e foi parar na seção "cinema" das livrarias... Ela foi seguida de um *Essai de philosophie urbaine*, PUF, "La politique éclatée", 1982.

cimento tão desprezado pelos filósofos, conviria bastante. A *doxa* entrou assim (pela cidade) em minha paisagem intelectual, nela se implantou e como que se impôs, e eu a segui[3].

3. Dedicando-lhe até mesmo um livro: *L'art du lieu commun. Du bon usage de la doxa*, Seuil, 1999.

UM FALSO CONHECIMENTO: A *DOXA*

Seu *status* é ambíguo e até mesmo antitético; por um lado, ela é sem valor e sem rumo, inconstante, difusa, imprecisa, mentirosa, errante, polífona e até mesmo cacofônica: ela se chama "opinião". Ao mesmo tempo, é todo-poderosa, faz e desfaz as reputações (e os níveis de popularidade em pesquisas), semeia o terror, derruba as posições mais estabelecidas e se faz temer. Ela leva então o nome de *médias* [mídia] e [em francês] se diz no plural.

Enquanto "opinião", ela nasce na Antiguidade grega e constitui o mais baixo e enganoso dos conhecimentos. Com um passe de mágica, Platão a relega à esquerda do quadro, com os maus alunos. Se Aristóteles a salva em parte, chamando-a pelo nome que ela manteria, *doxa*, e afirmando que a retórica e a poética necessitam do verossímil mais do que do verdadeiro[1], ela permanece, entretanto, em posi-

1. A retórica, a que o advogado utiliza, vale-se, com efeito, de persuasão, espécie de cópia infiel da convicção; técnica de artesão, que se julga com base no

ção frágil, no último grau da marcha que conduz à verdade, ao conhecimento esclarecido. Para Espinosa, experiência sensível não confiável, dando uma ideia vaga da coisa, ela é o quarto ou terceiro grau (os mais baixos) do conhecimento[2]. O *De intellectus emendatione*, geralmente traduzido por "A reforma do entendimento", sugeriria, antes – por sua proximidade com o verbo francês *émonder* [podar] –, a árvore do conhecimento cujos maus galhos é preciso cortar (*émonder*).

Disso até o rumor, a maledicência ou a calúnia é apenas um passo, essa falta de conhecimento constitui também uma falta moral[3].

A *doxa* no poder

Precedida dessa reputação pouco amável, a *doxa* desenvolve e faz frutificar as qualidades negativas de que a acusam. Os processos por bruxaria, e frequentemente os processos em geral, sustentados em crenças e falsos teste-

resultado: convencer o auditório e o júri, ambos compostos de não filósofos e guiados em seu julgamento pela *doxa* do "mais verossímil". Quanto à tragédia, ela não pode, em sua ação, ultrapassar o "bom senso" do público, aquilo em que ele pode acreditar, o que para ele é verossímil. A *doxa* é uma proteção contra o exagero, o incrível. "Preferir o verossímil impossível ao possível inverossímil." (Aristóteles, *Poética*, 24, 1, 460a).

2. Espinosa, *Breve tratado*, 1; *A reforma do entendimento*, 19: "1. Há uma percepção adquirida por ouvir dizer ou por algum signo arbitrariamente escolhido. 2. Há uma percepção adquirida por uma experiência vaga. Chamamo-la vaga porque ela chega ao acaso." Seguem os dois outros graus do conhecimento: razão e intuição.

3. Edgar Morin descreveu magnificamente a área de atividade maléfica da *doxa* nesse sentido em *La rumeur d'Orléans*, Seuil, 1969.

munhos, as delações, a influência dos astros e o milenarismo, as seitas e seus poderes subterrâneos, tudo isso pode ser atribuído à *doxa*. Essa invasão dos "rumores" na vida social e política não é um fato novo. O fato novo, em contrapartida, é a *constituição desses rumores em instituição*. Sob o rótulo de "comunicação", a *doxa* se apoderou, com efeito, tanto da vida privada quanto da pública, apagando os limites entre as duas. As bisbilhotices, os segredos de alcova, as maledicências e as "quatro verdades" nem sempre boas de dizer não tinham encontrado um suporte que lhes conviesse totalmente – gazetas e boca a boca tinham uma área de difusão limitada, uma lentidão e uma fragilidade certas – até a chegada das novas tecnologias da informação e da comunicação (NTIC) do século XX. A filha pobre do conhecimento, essa irmã desprezada do *lógos*, alcança o reconhecimento universal, ou, pelo menos, mundial.

O retorno

É realmente a *doxa* que as teorias da comunicação estudam, em seus aspectos políticos e públicos, em seus efeitos sociais, com as teorias das *mass media*, ou ainda em seus aspectos técnicos, econômicos e jurídicos. Vários setores do governo lhe são entregues, ela tem ministros e agências, falta pouco para que governe o planeta. Trata-se de uma revanche inimaginável, de uma inversão quase total; a informação, seja ela qual for – confiável ou mentirosa, referida ou não –, e, contanto que chegue instantaneamente aos destinatários, toma o lugar do conhecimento. Este tem agora aspectos secretos, forma focos de resistência e a eles se agarra, tal como, no passado, a *doxa*. Teria ela mesma se tornado um resto?

O estado das universidades, o do livro e dos ofícios do livro, as queixas que não param de elevar-se contra a incultura geral e a perda dos parâmetros "clássicos", os esforços empreendidos, a muito custo, para remediar as novas práticas comunicacionais, tudo isso leva a pensar que as práticas dóxicas venceram a batalha e que cabe agora ao conhecimento procurar fazer-se ouvir e lutar para conservar seu lugar.

Com efeito, as buscas na internet – com sua rapidez e sua facilidade de acesso –, embora sejam consideradas demasiado rápidas, não controladas e fontes de erros, são, entretanto, plebiscitadas de maneira quase unânime pelos internautas (e muito frequentemente pelos próprios pesquisadores). A partir de então, o conhecimento, enquanto modelo de labor e tal qual ele se oferece ao pensamento, é um suplemento, algo que o pesquisador pode invocar, mas que não é essencial; o golpe é rude, e os governantes não sabem como responder a isso.

Basta ouvir os ministros da Educação ou da Cultura para constatar o embaraço em que se encontram conhecimento "legítimo" e cultura de base clássica (isto é, construída a partir da consagração de obras-primas universalmente reconhecidas). É preciso aceitar a arte contemporânea como uma deriva capitalista, exploração sem vergonha nem limite da avidez de alguns e da credulidade dos outros? Ou então protegê-la, por ser novidade, e porque é preciso "virar-se com o que há"? Por outro lado, as tecnologias da comunicação são realmente úteis: poderíamos privar-nos de *tablets*, celulares, *e-mails* e outras ferramentas produtivas na vida cotidiana? Evidentemente, não.

Diante desse discurso contraditório "sim/não/mas assim mesmo", eu me pergunto se os participantes sabem que estão reproduzindo exatamente a lógica da *doxa*, sua inimiga de sempre. É uma lógica que ignora o princípio do terceiro excluído, que se vale da conjunção "e" sem nenhuma restrição e que, de algum modo, já está no campo da *tekhné*, de sua bricolagem perpétua, de suas experimentações.

E, no entanto, o que é considerado nocivo e destruidor dos "verdadeiros valores" está, de fato, aí, nos próprios discursos que desejam mantê-lo a distância. A lógica da *doxa* (associações, contradições, superposições, tautologias) faz seu trabalho de contaminação, captura com suas redes os mesmos que a combatem.

É que a *doxa* – opinião e conhecimento vulgar – não é um modo de conhecimento tão pouco construído que não a poderíamos entender senão evocando casos particulares; ela apresenta, ao contrário, uma coerência certa e traços específicos: tem sua própria lógica e sua física, assim como sua estética[4].

4. Num trabalho anterior, eu tentei descrever os campos em que ela intervém e que, inversamente, a constroem; há, com efeito, uma lógica, mas também uma física e uma estética da *doxa*. Ver Anne Cauquelin, *L'art du lieu commun. Du bon usage de la doxa, op. cit.*

Uma física

É certamente estranho pensar que a opinião tem algo de "físico". É claro que, para sustentar que a opinião é tão física quanto imaterial, pode-se convocar o batalhão de materiais de todas as espécies que ela utiliza: cabos, ondas, energia, luz, satélites, objetos miniaturizados, telas, celulares, *smartphones* e engenhocas de todos os tipos... esperando a chegada cotidiana de outras novidades. Mas esse afluxo permanente de materiais é apenas um aspecto da fisicalidade da *doxa*. Aspecto importante, por certo, pois ele realça a relação estreita que a opinião mantém com a técnica (hoje, chamada tecnologia). *Tekhné* e *doxa* caminham, com efeito, juntas no desprezo em que o conhecimento as mantém. Sendo a *doxa* apenas um conhecimento de baixo nível, empírico, ela está, assim como a *tekhné*, condenada a sujeitar-se à lei de toda técnica: renovar-se para sobreviver e, em estado perpétuo de erosão, inventar continuamente novos arranjos.

Uma "física" da *doxa* pode, entretanto, conceber-se mais amplamente, se aceitarmos lembrar-nos de que a "física" é o estudo das leis da natureza (*physis*); modo de existência, modos de reprodução, áreas de exercício de suas propriedades, campos em que se exerce o poder e modalidades particulares desse exercício constituem uma "natureza" e, no que diz respeito à opinião, permitem estudar o seu comportamento e compreender por que a *doxa* contemporânea é uma verdadeira "máquina na mente".

O que pode a *doxa*

O melhor método é saber
organizar os erros

Soun-Gui Kim[5]

Mantida afastada do verdadeiro conhecimento, a *doxa* se encontra no campo do artesanato, da manutenção e do remendo. Como toda *techné*, ela tem uma função: na Antiguidade, essa função podia chamar-se "transmissão de conhecimentos errôneos", era mantida sob controle e julgada negativamente; hoje, leva outro nome: "comunicação", e é uma função não somente positiva, mas idealizada, até mesmo a ponto de constituir, por si só, uma filosofia e uma moral.

Assim, abandonando seu nome de nascimento, ampliando seu território e aumentando seu potencial, a velha *doxa*, tornando-se "comunicação", gera toda uma derivação de funções e de ofícios e, de algum modo, produz suas próprias leis, pois as leis pelas quais se gere a comunicação não são as que o conhecimento impõe.

Essa tomada de poder da "comunicação" altera nossas atitudes sociais e políticas, impondo prioridades, como a transparência, a velocidade e a acessibilidade para todos de toda informação, mas essa versão contemporânea conserva um vestígio de seu passado dóxico: continua-se a desprezar a opinião, a falar de "*doxa* comum" (isto é, vulgar)

5. *Nuages paresseux*, La main courante, 1999.

em relação a um campo ou outro e a querer endireitá-la – "contrariamente à *doxa* comum", dizem –, ao mesmo tempo que se utiliza essa comunidade de opiniões para fundamentar um juízo: os institutos de pesquisa de opinião florescentes se aproveitam amplamente desse duplo papel da *doxa*. Dar resultados de pesquisa "cientificamente" obtidos e dizer, ao mesmo tempo, que estão longe de serem seguros é uma atitude essencialmente dóxica. Atitude da qual não nos podemos desprender facilmente, tanto o velho temor do rumor maligno é tenaz.

Assim, quer sejamos "a favor" ou "contra" as novas mediações, a velha ideia de uma *doxa* repreensível assombra os espíritos. Para uns, o emprego conjugado de um método dito científico, como as pesquisas de opinião, e de uma ferramenta tecnológica evita os inconvenientes da opinião errante; para outros, é necessário retornar à ideia de uma comunicação generosa e benfazeja que não teria nada em comum com a *doxa*.

Mas *doxa*, opinião e comunicação estão vinculadas numa espécie de "grande máquina" com mecanismos múltiplos, que cumpre a sua função a despeito das "opiniões" daqueles que a fazem funcionar ou a suportam. A comunicação se comporta então como um desses sistemas teóricos denunciados pelos pós-modernos sob o nome de "grandes narrativas". Ela faz até mesmo mais do que isso; tem resposta para tudo, resolve todos os problemas: os problemas sociais (pelo laço social que é, acima de tudo, comunicação), políticos (pela negociação, arte astuta da comunicação, que resolve os conflitos), morais e espirituais – a comunicação é (e deve ser) transparência, verdade e aceitação do outro. Em resumo, ela se apresenta como a Bíblia dos novos tempos, escrita numa linguagem universal, fundada em bases científicas (as teorias da informação), o que a torna, aos olhos da maioria, mais confiável do que teorias filosóficas nebulosas, puros produtos do pensamento. Tendo-se tornado acessível a qualquer um graças aos objetos-redes – objetos concretos de que nos servimos cotidianamente e que lhe dão corpo –, ela vampiriza até nossas atitudes e nossas aptidões corporais.

UM AVATAR DA *DOXA*, A *DOXA* TÉCNICA OU "*COM.*"

Essa soberania nunca antes conquistada por nenhum dos grandes sistemas teóricos pode ser atribuída ao constante avanço das tecnologias de comunicação. São elas que fazem a diferença entre as práticas da antiga *doxa* e as das novas mediações, entre a opinião falada, transmitida interpoladamente e distribuída aleatoriamente, e a "*com.*", onipresente, despejada continuamente e em qualquer lugar, por todos os meios existentes no imediato tecnológico da multimídia.

Temos aí uma produção híbrida meio-prática e meio-teórica; pois a "*com.*" não se inscreve no mesmo registro que o conhecimento sobre o qual ela triunfa, nem no registro oposto, que seria a simples prática nas metas previamente fixadas.

A forma atual da *doxa*, a *doxa* técnica, apresenta-se, sob o nome de comunicação, como uma "grande máquina", que funciona sozinha, automaticamente, sem levar em conta a natureza do que a alimenta. O funcionamento dessa máquina é garantido por um aparelho tecnológico alerta, muito sofisticado, e cujo objetivo não é a qualidade do conteúdo transmitido, mas a própria transmissão. Os dados transmitidos, sejam eles quais forem, são tratados como quantidades, pacotes mais ou menos pesados de informações. As *performances* da transmissão: velocidade beirando a simultaneidade, dita em "tempo real", multidirecionalidade e *links* múltiplos, possibilidade quase ilimitada de armazenamento e de acessibilidade a esse estoque são as qualidades da "*com.*", permanentemente reconhecidas, pesquisadas e melhoradas.

Transparência

Mas toda máquina necessita de uma aura, isto é, de uma imagem forte que a simbolize e lhe sirva de ideal. No caso da máquina comunicação, o ideal visado é a transparência.

A transparência é uma virtude, ela dá à "*com.*" a garantia moral que falta ao seu *look* técnico, ao seu aspecto mercantil. Uma garantia de veracidade; pois quanto mais a informação é "direta", quanto mais ela está perto de sua fonte – o que a velocidade de transmissão garante –, mais ela parece verídica, como que a cópia exata do acontecimento relatado. A transmissão em "tempo real" é chamada (e ambiciona ser) *transparente*. E, nesse contexto, a "transparência" implica a credibilidade – quando não a certeza – e adquire valor de verdade. Ela é exigida, valorizada, idealizada no mundo judiciário, assim como na seção alimentar[1].

Ao escolher a transparência como valor ideal, a "*com.*" indica seu lugar próprio, o terreno em que ela adquire seu sentido e com o qual ela se confunde: o "meio", ou intervalo, o intermédio. Não somente *meio* serve de substantivo comum aos enunciadores, à coisa enunciada e aos meios de fazer aparecer (*mídia* abrange, com efeito, todo esse campo), mas, ao destacar a transparência, a "*com.*" se autoriza a dizer ou comunicar a verdade da coisa e sua referência derradeira: a luz. No mundo perfeito com que sonha a "*com.*", todo objeto, todo ser, todo pensamento se dá na transparência; não há nada secreto, nenhum esconderijo obscuro assombrado por intentos sombrios, tudo é claro, nítido. A vista é límpida.

No entanto, essa transparência, invocada pela "*com.*" como algo tão conhecido, tão comum que é inútil explicitar seu sentido e seu uso, talvez tenha algo a nos ensinar, se a examinarmos com algum cuidado.

---

1. Uma das características do mundo atual – e consequência da cultura "*com.*" – é a facilidade com que adotamos os termos que ouvimos ao nosso redor, sem procurar saber de onde vêm nem de que contexto foram extraídos e qual o seu sentido de origem. Um grande número de palavras chega até nós cotidianamente, apressadamente extraídas de um léxico falsamente técnico e ainda mais rapidamente utilizadas. Eu sequer falo dos termos tecnoamericanos que nos são frequentemente incompreensíveis e que aceitamos irrefletidamente, como nomes próprios, nem dos verbos ingleses conjugados à francesa, como "*impacter*" [impactar] ou "*implémenter*" [desenvolver], mas dos termos do vocabulário (francês) de base, como é o termo *transparence* [transparência].

Diáfanos

A transparência é um atributo da visão; ela designa a qualidade da transmissão luminosa – essa transmissão é supostamente pura. Sem manchas. Ela deve deixar aparecer o objeto visado sem nenhum véu, em sua verdade nua.

No entanto, a visão é uma coisa simples. Da Antiguidade à ciência moderna, as teorias da visão se sucederam. As dos antigos gregos, por exemplo, têm pouco a ver com as leis da ótica atual[2]. O que os interessa é, acima de tudo, a sensação que a vista proporciona. O que sinto por meio da visão, o que aprendo por meio dela.

É assim que encontramos duas explicações, opostas no modo de ação que elas propõem, mas próximas quanto ao tipo de explicação adotado: ou o órgão da vista, o olho, ilumina o objeto pelo fogo que ele emite (Platão e a tradição platônica), ou então é o objeto que vem ao encontro do olho, emitindo minúsculas partículas de matérias que se recompõem diante do olho para formar sua imagem (Demócrito e Epicuro, retomado por Lucrécio). Duas explicações que relacionam o órgão da vista, o objeto visado e a sensação que resulta de sua ação recíproca[3].

---

2. Gérard Simon, em *Le regard, l'être et l'apparence dans l'optique de l'Antiquité* (Seuil, "Des travaux", 1988), marca fortemente a ruptura que se produz nesse campo entre uma filosofia da visão antiga que se ampara na ideia dos "semelhantes", onde o fenômeno luminoso (a luz) desempenha apenas um papel menor, e a física da luz sobre a qual se debruça a ciência contemporânea. Se distância, obstáculo e geometria são as ferramentas da primeira, as teorias físicas dos raios luminosos são as da segunda. Nesse sentido, a transparência é objeto de questionamentos para os Antigos, e não para os Modernos.

3. Os pintores do Renascimento italiano exprimem bem a existência simultânea dessas duas teorias da visão de maneira original: suas "Anunciações" retra-

O fundamento dessas explicações se encontra na ideia – muito difundida na Antiguidade – do elo causal por semelhança. O semelhante caminha com o semelhante. Assim, o fogo do olhar é semelhante ao fogo que ilumina o mundo, isto é, a luz. Os dois semelhantes estão numa relação de causalidade recíproca. O raio visual emitido pelo olho repleto de fogo captura em sua rede o objeto que ele ilumina com fogo.

Através desse esquema da visão, o que importa, muito mais do que a natureza física desse suposto raio, é a informação que o órgão da vista proporciona. Que tipo de informação obtemos? Essa informação é confiável? Tão confiável quanto a tatilidade? Embora a visão seja pensada por meio do modelo do contato – o raio visual emitido toca o objeto –, uma dúvida subsiste. Mesma coisa no caso do objeto que emite partículas; o que é produzido é um simulacro, uma espécie de fantasma, fiel, porém ilusório: uma imagem (*eidolon*).

Seria possível que o objeto fosse ora realmente apreendido com exatidão, ora não (confusão, distanciamento, obscuridade)? Nesses casos, algum outro agente deve intervir para assinalar essa incapacidade.

Esse agente, diz Aristóteles, é o meio, *metaxy*, cuja natureza e cujo poder ele procura definir. Pois a visão é movimento, trajeto, para onde quer que o raio se dirija, entre

tam um raio luminoso que une o Pai eterno em seu orbe de fogo à Virgem que o recebe. O raio divino ilumina tanto a fonte emissora quanto o receptor, e conjuga, assim, as duas teorias... Carlo Crivelli faz até mesmo com que esse raio passe pela janela do quarto em que se encontra a Virgem (*Anunciação com santo Emídio*, 1486, Londres, National Gallery).

o olho que se esforça em ver e *o que* ele se esforça em ver, há um meio, um intermédio.

A esse meio Aristóteles denomina "*diaphanes*"[4], o diáfano: o que deixa ou faz aparecer através (*dia*). Esse intermediário entre o olho e o objeto visto não é neutro: o diáfano é um *transmissor em potência* que torna possível a visão se, e somente se, ele estiver em ato. O diáfano permanece em potência enquanto não é ativado. É apenas quando é ativado que ele mesmo se torna agente: ele revela então a cor dos objetos e *torna visível a luz*. Hoje, pode parecer-nos bastante estranho que a luz tenha necessidade de um agente para ser o que é: luminosa; mas, na medida em que a física da luz estava muito longe de ser sequer concebida, a explicação de Aristóteles tem o mérito de tornar sensível a importância do meio intermediário. O que é válido no caso da vista, bem como no do som e qualquer outra sensação: a presença de um agente operador, de uma dinâmica, é necessária.

Assim, são necessários vários agentes, e não um só: nem a luz do dia sozinha, nem o órgão da vista, nem o meio portador que liga o olho ao objeto visado são isoladamente operantes. A *transparência* é, portanto, um fenômeno surpreendentemente complicado, ao mesmo tempo resultado de uma aplicação e produtor de uma sensação. Passiva/ativa, é produto de uma intermediação; pode, portanto, ocorrer

4. Aristóteles, *De anima*, II, 7, e *De sensu*, III, 439ª, 18-439b, 25. Aristóteles elabora uma teoria da visão complexa, que refuta tanto a teoria do contato (a luz emitida pelo olho ilumina o objeto visto) quanto a de Demócrito (o objeto envia efígies, magras películas de matéria que emanam dele), como se pode ler em Lucrécio, *De natura rerum*, livro IV.

que intervenham acidentes de percurso, "ruídos", carências ou excessos na transmissão.

Todas essas são falhas que nos esforçamos em suprimir ou em dissimular, na "*com.*", pelo refinamento das tecnologias, ou, na conversação ordinária, pelos meios astutos da retórica.

A *transparência*, reivindicada hoje pela comunicação, e que supõe que o objeto poderia apresentar-se inteiramente cru, imaculado, que a transmissão é evidente e que a informação, graças à transparência, poderia ser absolutamente confiável, sob a condição de não ser cientemente perturbada por intrigas maléficas, é um engodo, uma ilusão.

Esse desvio pela antiguidade da noção de *transparência* me pareceu útil para demonstrar a falsa evidência do conceito e pôr em perspectiva atravessante a noção de informação vinculada à veracidade de seu conteúdo, princípio primeiro das tecnologias da comunicação.

Mas, para além desse engodo, outro aspecto da transparência da informação intervém para fazer da "*com.*" uma "máquina na mente". Com efeito, assim como as máquinas teóricas que já vimos e graças à sua reclamação de transparência, a "*com.*" funciona por exclusão. Tudo que não é transparente ou suscetível de assim se tornar (composição dos produtos alimentares ou receitas dos deputados) é rejeitado como nocivo, prejudicial à sociedade inteira: é uma falta moral, passível de sanções. O opaco, a obscuridade indicam o segredo ou a pane; em todo caso, o pecado.

Tal ostracismo é tanto mais severo quanto distribui, ao mesmo tempo, a recompensa (as numerosas vantagens que as ferramentas aperfeiçoadas de comunicação proporcionam) e a punição (o afastamento, a rejeição, ou até o opróbrio lançado sobre os promotores de obscuridade).

Todo-poderosa, a *"com."*, avatar atual da velha *doxa*, é uma máquina dominadora. Não obstante, seria tal máquina, que controla, rege e comanda atualmente as atividades humanas multipolares, e isso em âmbito planetário, tão devoradora a ponto de não deixar nenhum "resto"? O triunfo da *doxa* sobre o conhecimento essencial, seguido do triunfo da *"com."* sobre a *doxa*, não deixa de suscitar outros vencedores potenciais. Mas quem são eles e onde procurá-los?

Não se encontrará resposta na área de extensão da comunicação; com efeito, com aquilo a que chamamos atualmente a mídia (pondo no mesmo saco suportes, emissores e informações transmitidas), encontramo-nos desmunidos; sua fluidez, sua abundância e sua pouca estabilidade proíbem contradizê-la. Como contradizer uma nuvem ou um adágio? Como contradizer um pacote de informações contraditórias? E, não se tratando de contradizer, como, pelo menos, deixar a distância o meio de difusão pelo qual expressaríamos nosso desacordo? Estamos amarrados a cabos, grudados em imperativos frouxos: afinal, não poderíamos viver sem *tablets*, internet, *smartphones*, *e-mail* e toda essa tralha? Ninguém nos obrigou a isso, mas...

A *"com."*, uma máquina concreta

É que, embora seja realmente uma máquina, a *"com."* é uma máquina que difere das Grandes Narrativas; é uma máquina de um gênero particular, que envolve não somente nossos pensamentos, mas também nossas atitudes, nossas disposições corporais e nossos apetites, que formata a vida da maioria e altera a ou as visões de mundo que tínhamos em comum. Máquina mista, composta de elementos heteróclitos, ela se apoia, por um lado, na história de sua própria cultura – uma reflexão já antiga sobre a natureza da técnica[5] – e numa economia do progresso. Essa parte pode ser considerada como a base teórica do desenvolvimento real dos elementos técnicos propriamente ditos. Estes, tendo-se tornado parte essencial da vida comum, dissimulam a outra parte, invisível, da máquina, o motor de seu funcionamento, econômico e político. Tal dispositivo de duas cabeças é geralmente conhecido pelo nome de "ideologia". Mas esse termo traz em si conotações demasiadas para designar objetivamente, isto é, sem juízo moral *a priori*, a máquina que ele assim qualifica. Ademais, "ideologia" não expressa o envolvimento global ao qual a máquina "*com.*" submete a prática comunicacional – impedindo qualquer saída de seus próprios instrumentos de comunicação[6] –

---

5. História já carregada de debates filosóficos em torno do suposto antagonismo entre técnica e natureza, ou técnica e arte, ou ainda, mais distante, entre matéria e espírito... Carregada também de textos incontornáveis e de seus comentários – Heidegger e Benjamin avizinhando-se de Simondon, Bergson e Foucault (e eventualmente muitos outros!) Esse *background* é uma garantia do alto teor intelectual da própria máquina.

6. É pela mesma razão que evitei o termo "sistema", o qual supõe, de início, uma vontade de unificar, de sintetizar um conjunto de princípios, de modo a produzir um regime de pensamentos e de ações homogêneo e que permite a coexistência com outros sistemas. "Máquina", por outro lado, não supõe nenhuma vontade desse tipo, somente um automatismo que tende a sempre desenvolver mais seu campo de expressão, e isso a ponto de proibir qualquer outro modo de existência.

nem a heterogeneidade insuperável de seus diversos elementos.

Assim, a máquina "*com.*" seria uma "máquina concreta", em que as práticas estilhaçadas de teorias e de ações formam um tecido tão compacto que se tornam opacas, o que é, admitamos, o oposto da transparência que ela ambicionava em primeiro lugar! Práticas tão opacas a uma crítica razoada quanto as opiniões contraditórias e errantes da *doxa*. Impossibilidade de contradizer o rumor assim como de deter o fluxo de informações contraditórias desenvolvidas pela mídia, à qual se junta a impossibilidade de abandoná-la.

A despeito desse enclausuramento, duas questões são suscetíveis de serem levantadas. A primeira: essa máquina de um novo tipo, iniciada pela "*com.*", conduz-se como as máquinas teóricas que identificamos há pouco, e pode, assim como elas, deixar restos? A segunda: a "máquina concreta" assim esboçada pode servir para compreender como funcionam as pequenas máquinas singulares de nossas práticas ordinárias?

Abramos, portanto, outro capítulo para as nossas máquinas, e sigamos a pista que nos indicam essas "máquinas concretas" e um pluralismo "utópico"[7].

---

7. Fala-se muito de utopia nos momentos de crise – não me perguntem por que, eis o fato: sejam elas negativas – isto é, críticas – ou positivas – isto é, pregadoras de bens futuros –, as utopias que conhecemos foram escritas nos impasses de regimes existentes. Em momentos de indecisão e de perturbações do político. Mas nossos "novos utopistas" não preveem nem invectivam, procuram construir cabanas no campo de ruínas das certezas.

Capítulo II

MÁQUINAS CONCRETAS: NO CAMPO DO PLURALISMO

ALGUMAS PALAVRAS DE AUTOPRÉ-HISTÓRIA

Eu gostaria de fazer referência aqui a uma disposição e a uma afeição que, como acabo apenas de perceber, eu tivera, tive e continuo a ter. Pois acredito que esclarecem o propósito das "máquinas na mente" pelas indicações teóricas que elas subentendem, mas também na medida em que essa lembrança, ressurgindo após um longo esquecimento, é exemplar da própria teoria pluralista.

Ao escrever, na abertura deste capítulo, "Máquinas concretas", lembrei-me repentinamente de *Vers le concret* [Rumo ao concreto], de Jean Wahl[1] e de meu primeiro ano de universidade em Dijon. Em meio às abstrações em que se compraziam os professores, ele representou para mim um respiro, outro ar, algo (uma cor?) que eu percebia de maneira sensível, mais do que intelectual. Um estranho sentimento que não posso realmente explicar. É esse tipo

---

1. Jean Wahl, *Vers le concret*, Vrin, 1932.

de sentimento que Jean Wahl transforma em motor do pluralismo e, com isso, do pragmatismo. Embora o termo "sentimento" esteja um tanto fora de moda hoje – ele tem o cheiro de seu século XIX e do psicologismo –, corresponde bem, ao que me parece, a essa confusão entre razão e irracional, nem inteiramente uma coisa, nem inteiramente a outra, uma espécie de fusão indiscernível, inexprimível em palavras, mas que prefigura uma atitude e dispõe à ação. Nesse caso particular, as poucas páginas de *Vers le concret* dedicadas à correspondência de William James, lidas com demasiada rapidez e num momento em que eu era ainda mais ignorante do que hoje e absolutamente incapaz de compreender o seu alcance, geraram esse tipo de sentimento, num assentimento irrefletido e, no entanto, irremediavelmente devoto.

Certamente, pensei agora, o pluralismo satisfazia uma inclinação, uma tendência ao *non finito*, ao fracionado, à mistura, e seguramente certa barbárie do gosto, um recuo diante da totalidade finita, e a rejeição da regra (praticamente moral) que a fixa como ideal a ser alcançado[2].

Esse recuo bioanedótico não possui outra justificativa além da de esclarecer o significado do termo "concreto". Contrariamente ao abstrato, que se converte facilmente em

2. Encontro assim, hoje, em minha biblioteca, o livro de Wahl, *Vers le concret*, e descubro nele uma dezena de páginas recortadas, deixadas em separado e vagueando, soltas, no meio do volume. Singularidades arrancadas da continuidade da escrita e possibilidades quase infinitas de produzir outras singularidades. Procedimento que me foi por muito tempo habitual, sem que eu soubesse então o quanto ele se aproximava de uma atitude *pluralística*.

teoria, o concreto se recusa a ser teorizado e sistematizado; ele apela ao sentimento, à crença e a uma análise de tipo fenomenológico, sensível às diversas temporalidades da qual ele depende e que ele condensa sem, no entanto, inteiramente aderir a elas. Pois entrar na esfera do concreto é entrar nessa esfera em que a ação – quer ela se apresente sob a forma de projeto, de trabalho em andamento ou de realização – é parte ativa de uma reflexão que a elabora. Algo concreto, portanto, algo sensível; objetos com os quais nos chocamos, que estão diante de nós ou ao nosso redor, que nós cheiramos, vemos, tocamos e ouvimos, sobre os quais e com a ajuda dos quais nós agimos. Parecemos estar bastante distantes das máquinas teóricas, mas não haveria também máquinas no campo do concreto? Esses objetos concretos apanhados em seu isolamento, fechados em si mesmos e como que postos à disposição de nossos sentidos nos seriam dados sem desvio? Podemo-nos perguntar (e certamente devemos fazê-lo, se desejarmos ir até o fim da exploração) de que e como se compõe sua evidência.

William James formula a questão ao mesmo tempo que oferece uma resposta: a atração do concreto e a vontade de agir levam a tomar as coisas no estado em que se encontram, sem incomodar-se com discursos, e isso é muito tentador para um pluralista, mas o pesquisador, o filósofo, deve "continuar, na sombra, suas maquinações tenebrosas"[3].

3. Carta a Chaptman, 30 de abril de 1909, citada por Jean Wahl em *Vers le concret*, op. cit., p. 118.

Essas "maquinações" são a réplica, no campo da análise, das máquinas concretas que elas desmontam. Mas esse desmonte não se faz ao acaso, ele necessita de uma sustentação teórica, como uma aresta ou uma crista: uma linha de fundo que mantém a reflexão o mais perto possível de seu alvo. Em resumo, o concreto se revela somente à luz de uma visão filosófica do concreto e, quando não de uma teoria, pelo menos de um manual de instruções meditado. Para James e para os pesquisadores que o seguem, essas "maquinações tenebrosas" se reúnem sob o termo pragmatismo, ao qual eu acrescentaria o qualificativo *utópico*.

UM PRAGMATISMO UTÓPICO

Pragmatismo utópico: não, não se trata de um oximoro, os dois termos não se opõem de modo algum; eles se infletem mutuamente para formar uma figura que se afirma pouco a pouco como atitude prática. A fórmula possui, por certo, um toque de ironia. Mas apenas o necessário para desviar-se para o campo da ação e escapar do tipo de visco no qual a "*com.*" nos prende.

O termo "pragmatismo" abrange um conjunto de teorias, com seus autores, suas histórias, seus sucessos e fracassos, seus adeptos, inimigos, influências e derivas; sua própria heterogeneidade o preserva de ser Uma Grande Máquina. O que o caracteriza seria, antes, uma atitude – uma disposição a privilegiar o agir e a seguir o fio (acrobático) de uma teoria que seria preceito tanto quanto princípio. Digamos – para forçar um pouco o sentido da máquina – que o pragmatista entrega instruções e manuais de uso para os instrumentos – tanto intelectuais quanto afetivos – com a ajuda dos quais governamos aproximativamente nossas vidas. Não há nada de essencialista aqui, e mais do que um dispositivo rígido ou uma roupa pronta para ser vestida, o pragmatismo seria um "ensaísmo", segundo o termo de Jean-Pierre Cometti[4].

O ensaísmo, se eu puder caracterizá-lo grosseiramente, é uma forma de pensamento e de escrita que se mantém nos limites – e, portanto, à margem – das categorias admitidas. Com efeito, distinguem-se tradicionalmente as obras "de imaginação" (literatura e ficção) e as obras "sérias" (ciência e filosofia)[5]. Categorias distintas no que diz respeito ao ensino clássico na França, mas que, no entanto, não resistem à primeira análise. Onde situar Montaigne? E Pascal? E a estética? E Maurice Blanchot? Baudelaire, Benjamin[6]? Entre filosofia e literatura? Ou num exercício único que não faz distinção entre os dois termos, e para o qual não há "intermédio", mas apenas uma atividade, existindo à parte, exigente e continuamente em estado de alerta[7].

4. Jean-Pierre Cometti, *Musil philosophe, l'utopie de l'essayisme*, Seuil, 2001. Cometti é o filósofo incontornável para quem deseja compreender as fontes, as linhas divergentes e os prolongamentos atuais do pragmatismo, por vezes ignorados pelos próprios "ensaístas".

5. "Ah? Os esteticistas não são todos uns patetas?", exclamava um dia um epistemólogo (famoso) nos corredores da universidade de Nanterre...

6. ... e muitos outros, evidentemente; quanto à Enciclopédia, ela se inscreveria efetivamente nessa linha, como observa meu amigo Christian Béthune.

7. Descubro com felicidade um texto de Thierry Labica: "À propos de 'Traces' d'Ernst Bloch", publicado no *site* "Marxismes au XXIe siècle". Nele, o autor desenvolve um pensamento muito "ensaísta", analisando essa obra como um "incrível bricabraque, que se deve ler tomando nota de tudo o que ela não é, não faz, não mostra, tudo o que faz dela a sombra antinômica daquela que ela eclipsa (isto é, a suma que o *Espírito da Utopia* representa)." Nem filosofia, nem literatura, mas relato, "que nos situa na obscuridade de um subsaber" e descobre, assim, a sombra projetada da grande máquina teórica que são *O princípio esperança* e *O espírito da utopia*.

Vejo o ensaísmo não como método nem como teoria filosófica, mas como atitude e condição de um pensamento que se apresenta apenas à medida de seu desenvolvimento, sempre vindouro, em construção. E, certamente, as obras que dele resultam são, por sua vez, animadas por um poderoso agente que leva o nome de "utopia".

Utopia? Eis-nos no campo da obra, ou, mais exatamente, do obrar. Com efeito, nenhum obrar é possível sem essa dimensão do tempo utópico: a *ucronia*. Contrariamente à ideia difundida que faz do utopista um sonhador cujo sonho não realizado atesta sua impotência e do pragmatista um materialista despreocupado com o além e carente de sonhos, na experiência, aquele que age está na utopia do "ser do que ainda não é"[8], uma *utopia ativa*.

A dupla utopia das obras

Ainda que não seja apropriado à dimensão temporal particular dos ensaios, manterei aqui o termo utopia, por ser compreendido por todos e cumprir a função de noção geral, ao passo que *ucronia*, que seria o termo exato, abrange um campo mais restrito[9]. Embora o lugar em que se inscreve o pragmatismo utópico não seja negligenciável, é

A sombra projetada, por certo, ou o inverso, ou ainda, no meu entender, o "resto". Seria a literatura utópica, tão pouco reconhecida como importante, uma literatura do resto? E, nessa condição, o único terreno dos possíveis?

8. Segundo a fórmula de Ernst Bloch em *O princípio esperança*. Esse ser do *ainda-não-ser* anima uma filosofia da práxis.

9. A vista e o espaço sempre predominam; a linguagem corrente os privilegia em detrimento do tempo e do ouvido.

realmente a dimensão temporal que lhe é essencial; uma temporalidade que não se limita à sucessão "antes/depois", mas oferece complexos de situações simultâneas. Podemos experimentar essa dimensão singular na atividade que a leva em conta: a arte do tempo e seu exercício, a música. É nesse campo que ela é mais bem percebida, ainda que seja, em parte, difícil de ser captada por não músicos. Com efeito, de acordo com o espírito do tempo[10], o musical se concebe como uma "interpenetração sem obstrução de espaços-tempo múltiplos e transparentes"[11].

Essa contração dos diferentes tempos que se interpenetram é a marca de uma *ucronia*: de um não tempo, ou tempo que não tem *lugar* na normalidade dos dias. Para que ele tenha lugar, é preciso uma atividade particular. Pode-se denominar essa atividade, em sua dimensão ucrônica, "artística", sob a condição de que ela não esteja exclusivamente reservada à prática das Belas Artes, mas envolva também a pesquisa científica, literária ou filosófica, ou qualquer outra pesquisa – atividades a que os pós-deleuzianos chamam então "*pop art*" e que o pragmatismo nos ensinou a não distinguir das artes consideradas importantes. É o musical,

---

10. Tomo emprestado aqui – revirando-o – o título da obra de Daniel Charles, *La fiction de la postmodernité selon l'esprit de la musique* [A ficção da pós-modernidade segundo o espírito da música], PUF, 2001.

11. Expressão de Christophe Charles, na apresentação de seu disco *HCDC* (Murmur Records, 2013), em homenagem a seu pai, Daniel Charles, e a Henning Christiansen. "A interpenetração sem obstrução" é uma fórmula de Susuki, retomada por John Cage e por Daniel Charles. Ela serve de título a um texto de Christophe Charles: "(Dé)(com)positions et interpénétrations sans obstruction" [(De)(com)posições e interpenetrações sem obstrução], *Ligeia*, n. 45-48, jul-dez. de 2003.

é verdade, que a mostra melhor, mas ele não pretende confiscá-la em seu único proveito.

A prática da *ucronia* se junta, dessa maneira, às práticas errantes como os achados (*não procuro, encontro*), o acaso ocioso, as analogias que se sustentam por um fio, tempos (passado, presente, futuro) que não mantêm mais entre si a linearidade convencional, mas se interpenetram, e uma lógica sem terceiro excluído; práticas difíceis de manter na vida cotidiana quando elas devem inscrever-se no tecido das exigências sociais, econômicas e políticas; elas estão "sob condições de possibilidade"; assim, para se fazerem entender, é necessário que elas tenham lugares em que se possam mostrar, um público pronto para aceitar – ainda que estando apenas presente – e um retransmissor na opinião. Para uma prática utópica, isto é, que recusa toda determinação de lugar e tempo, trata-se de uma real acrobacia que exige um sentido agudo de equilíbrio e uma grande dose de ironia.

Metafísica da ironia

Por que a ironia? Escapando à lógica do discurso, assim como a toda definição unívoca, a ironia se encontra em situação embaraçosa na conversa ordinária. Difícil de explicar, isto é, de desdobrar em suas numerosas dobras, ela está sempre à margem do que pode ser dito a respeito; em vão nos esforçamos em caracterizá-la: trata-se de humor? Sátira? Indiferença ao real? Desprezo ao outro? Ela se restringe somente à conversa ou pode ser atitude, ação? A ironia é essa figura do discurso que derruba os estereótipos, lança dúvida sobre as certezas e nunca conclui, manifesta-se por ocasião e encontros, e não pode servir aos argumentos bem encadeados de uma demonstração, pois ela os decompõe à medida que aparecem[12].

Essa polifonia ou heteronomia da ironia, sem lugar e como que fora do tempo cronometrado, faz dela uma aliada objetiva do pragmatismo utópico. Porque ela intervém ativamente nos debates ou nos projetos, porque milita por um não saber oposto a toda reificação dos conhecimentos, porque atua em vários tempos: o do momento ocasional em que se mostra, o do tempo vindouro que ela liberta do jugo maquínico da sucessão e, por isso mesmo, permite aceder a uma temporalidade "pura" desprendida do começo e do fim, isto é, a um tempo metafísico.

É assim que ela entra antes do que se pensa no desígnio geral do pragmatismo. Pensada ironicamente, a metafísica é para o pragmatismo um conceito neutro, sem conteúdo, que não implica nenhuma intenção e não indica nenhum objetivo a ser alcançado. No entanto, essa visão de um mundo in-intencional (em que reconhecemos o deus sem amigo de Aristóteles, desprovido de intenção, assim como

---

12. Inúmeras, as diversas definições e as múltiplas classificações da ironia, seja ela concebida como figura de discurso ou atitude política, são, entretanto, unânimes em um ponto: a perturbação (espanto, dúvida, incredulidade, mal-estar) que ela suscita pelo alvo visado. Ver, entre outros, Pierre Schoentjes, *Poétique de l'ironie*, Seuil, "Points Essais", 2001. E Philippe Hamon, *L'ironie littéraire. Essai sur les formes de l'écriture oblique*, Hachette Littérature, 1996.

de sentimento, ou a natureza espinosista *sive deus*) governa com igual ironia as atitudes e as atividades do pragmatismo.

Faríamos dela uma "natureza que gosta de se esconder"? Eu ficaria muito tentada a fazê-lo; não se invoca frequentemente a ironia do destino? A própria *physis* não está assim situada sob o signo de um cômico, dissimulado na natureza das coisas e que ridicularizaria nossas pobres ambições?

A natureza das coisas, indiferente aos nossos caprichos e humores, despreza nossas inclinações aos bons ou maus sentimentos; nesse aspecto, ela está além do bem e do mal, num espaço anônimo, de uma neutralidade sem falhas, inatingível. Consideramo-la injusta, maldosa, inconsequente, inconstante em sua conduta; não é ela por vezes suave ao coração e consoladora? A única resposta possível a esses zigue-zagues é essa fala irônica que zomba do bem e do mal, pratica a contradição e se desvia, escorregadia, quando se procura agarrá-la[13]. À ironia do destino responde nossa maneira de sermos irônicos, de nos desviar de sua injunção e de enviá-lo de volta para de onde veio, a uma instância impessoal *sem qualidades*.

Praticando a ironia, nós nos situamos nesse mundo que, para além dos acidentes do tempo e do lugar, mantém-se, escondido, exterior a toda explicação ou violência do sentido que tentasse desvendá-lo. Um mundo que não

13. Aristófanes, em *As nuvens*, qualifica assim a prática socrática da ironia (*eiron*): ela é como a pele de um atleta, oleada, *deslizante*. Ver Michel Narcy, "Qu'est-ce que l'ironie socratique?", *Plato 1*, jan. 2001.

se mostra, mas que sempre se esquiva, um lugar que não tem limite e que carece, assim, de definição, um tempo irresoluto em seu curso: vai para a frente ou se demora atrás? Ou então pode estar adiantado em relação a si mesmo, como esse "ainda não do ser" sobre o qual não sabemos se será um dia e qual será e do qual não podemos falar.

Seguramente, é da utopia que traçamos assim o esboço. E é de fato da ironia de que, ao mesmo tempo, se trata, pois é ela que, introduzindo esse não mundo, assim estabelece com a utopia uma verdadeira aliança, cumprindo a função de articulação, de junção, entre os dois termos de aspecto antinômico do pragmatismo utópico.

A ironia do resto

A ironia marca profundamente o pragmatismo aos olhos de sua própria teoria, pois ela lhe proíbe, de algum modo, a possibilidade de ser Uma Grande Máquina teórica, totalitária e monolítica. Ela serve de baluarte contra a tendência dos princípios de se sistematizar.

E, se a teoria do pragmatismo manifesta, por vezes, o propósito deste, eis a ironia para lhe apresentar seu reverso, sua face oculta, sua sombra: em suma, ela a põe diante de seu resto, que ela lhe restitui. A análise que Thierry Labica faz de *Spuren* [Vestígios], o pequeno livro repleto de "bricabraques" de Ernst Bloch, desmonta à perfeição essa operação. *Spuren* [Vestígios] foi adequadamente nomeado, visto que expõe esse resto de bagatelas e de nadas, no entanto essenciais, que a Máquina teórica da Utopia número Um de Bloch[14] não quer, que ela negligencia e deixa para trás e que o relato plural de *Spuren* desvenda e expõe. Num sentido, "vestígios" que a Utopia blochiana parcialmente dissimula e parcialmente desvenda é um sinal que vale para toda máquina teórica; ele indica a saída, designa o que a máquina não soube captar, zomba, de algum modo, de sua onipotência ilusória.

A ironia tem, assim, um peso considerável na utopia; para o que não é, diante do que já está (em demasia) aí, para o indeterminado, diante de uma mecânica bem montada, para um começo ainda não conhecido, mas que está chegando, contra o que a máquina teórica tem de demasiadamente "finito".

Fiel à sua definição retórica, a ironia "metafísica" inverte o conteúdo sério do espiritual – que um utopismo heroico invoca – transformando-o em leveza da matéria das coisas; o que é sério é o leve, o importante é o deixado de lado, ou ainda o silêncio, em que ressoa a *grande sonoridade*[15].

O pragmatismo utópico deixa o tempo se construir, não lhe atribuindo nenhuma finalidade, nem mesmo a de não ter nenhuma. A realidade que nele se constrói é a do conjunto dos possíveis velados que o envolvem e aguardam – como afirma Bloch em *Spuren* – "atrás da porta".

Atrás da porta, na expectativa, e apenas começando a se tornar visíveis, os múltiplos possíveis que as máquinas

14. Suas duas sumas teóricas previamente citadas: *O princípio esperança* e *O espírito da utopia*.

15. Laozi: "A grande sonoridade tem apenas um som ínfimo".

teóricas geram devem ser explorados. Frequentemente, eles já estavam lá, sem o nosso conhecimento, vivendo seu *status* de *back street*, sua existência prática ultrapassando amplamente seu reconhecimento. E é realmente no campo das máquinas concretas, em que as práticas estão intimamente mescladas a construções teóricas, que é preciso procurar seus vestígios.

Assim, teremos de explorar "objetos" sensíveis – objetos de experiência, dados a serem percebidos e praticados – não como objetos evidentemente fixados em seus limites, mas como tantas máquinas elas mesmas envolvidas numa nuvem de possíveis suscetíveis de serem experimentados.

MÁQUINAS POR EVIDÊNCIA

Certos objetos que formam nosso ambiente cotidiano parecem tão evidentes que sequer nos vem à cabeça nos questionar a seu respeito. Eles caem *"sous le sens"*[1] [sob o sentido], como se diz. E esse sentido sob o qual eles caem é tanto a sensibilidade física quanto a do bom senso, isto é, do entendimento. E, nesse sentido, trata-se realmente de máquinas, que funcionam sozinhas, autônomas e ronronantes.

Consideremos aquilo a que chamamos "paisagem"; ela está aí, diríamos, sua presença sensível não suscita nenhuma dúvida. Vemos essas colinas agradáveis ao olhar e seu cume que limita o horizonte com as poucas nuvens que completam o quadro, sua realidade não é evidente?

Empreguei a palavra "quadro", quase sem prestar atenção – e esse já é um indício de que há algo maquínico no ar... Da mesma forma, procuramos "instintivamente" o me-

1. Expressão que traduz a evidência de algo ("claro como a água", diríamos em português), sendo percebido diretamente pelos sentidos. [N.T.]

lhor ângulo para contemplar e frequentemente fotografar aquilo a que chamamos "a vista", evitamos o que viria estragá-la – um poste, um cartaz, uma construção feia –, não somos os únicos a pensar que as HLM[2] e os aerogeradores "desfiguram" a paisagem. Haveria, portanto, como que um inatismo da paisagem, um estado inocente, primeiro, que as empresas humanas viriam devastar e que uma atitude virtuosa – ela começaria pelo olhar – poderia restabelecer em sua pureza.

Pensada a partir do modelo ecológico, como é pensado o planeta, a paisagem deve ser cuidada, mantida e protegida por nós; existe para ela uma versão *care*. Pois, em nossos hábitos mentais, o casal homem-planeta – ou homem-natureza – se reflete no casal homem-paisagem da maneira mais *natural* possível.

Não há nada mais difícil de identificar e de analisar do que essas evidências sensíveis, elas têm a primeira e a última palavra e enfrentam todos os ceticismos. Quando querem demonstrar que a paisagem é uma construção intelectual complexa antes de ser simplesmente "o que está aí", vocês se deparam, na maioria das vezes, com uma forte oposição. Têm de desenvolver argumentos mais vacilantes que outros para fazer com que se admita que a imagem da natureza não está presente da mesma maneira em todos os pontos

2. Sigla que significa, em francês, *Habitation à Loyer Modéré* (Habitações com Aluguel Moderado), designando uma moradia administrada por um órgão público ou privado que se beneficia de financiamento público parcial, seja por meio de subvenções diretas, seja por meio de benefícios variados (isenções fiscais, crédito). [N.T.]

do globo. Que sua representação está pouco ou mal distribuída, que ela difere conforme se trate deste continente, a Europa, ou de outro, e que aquilo a que chamamos "paisagem" não tem nenhum sentido para aborígenes[3], para quem os lugares são memórias de cantos e de viagens, nem para os japoneses, que a evocam tanto pelas palavras quanto pelas imagens ligadas às palavras, por analogia ou simples rima[4]. A paisagem, é claro, não é a única máquina que funciona por evidência; a arte também, assim como a chamada moral "do bom senso". Mas comecemos pela paisagem.

---

3. Ver Barbara Glowczewski, *Pistes de rêves. Voyage en terres aborigènes*, Éditions du Chêne, 1970.

4. Ver os primeiros trabalhos de Augustin Berque: *Le sauvage et l'artifice. Les Japonais devant la nature*, Gallimard, 1986.

A MÁQUINA-PAISAGEM E SEU RESTO

Toda máquina "começa", e esse começo é quase sempre objeto de uma lenda. Uma jovem chora por seu amante, ele se afasta, desaparece, mas um traço delimitou a sombra de seu perfil; traçado com giz sobre o muro, eis o amante, e o desenho nasceu. É uma bela lenda, possui o encanto erótico dos contos maravilhosos; todas as reservas que lhe podemos opor – pois nada me convencerá de que foi preciso esperar o amante infiel para que o desenho existisse: debuxar, fazer traços, curvas, manusear algo que traça, arranha, espalha, corta ou acaricia parece-me tão vital quanto a caminhada ou a mastigação – não tiram nada de seu brilho.

Estávamos, com esse conto, em algum lugar da Grécia, numa cena digna da mitologia e num tempo muito distante; eis-nos agora em Florença, e somente quinhentos anos nos separam hoje do dia mágico em que nasceu a perspectiva e, com ela, a possibilidade da paisagem. Outra lenda, na qual intervém certa magia. Pois é realmente por magia que se ergue diante de nossos olhos (espantados e até mesmo arregalados) a forma exata do Batistério reproduzido num pedaço de cartão. Não é mais o giz, o carvão, nem um simples perfil, não há mais amada nem amante, e é bem propícia a lenda que segue o gosto vigente, integra medidas e cálculos e se enriquece com resultados sensíveis.

Embora tão improvável quanto o nascimento amoroso do desenho, a invenção da perspectiva continua a ser "contada"; existem poucas pesquisas sobre a perspectiva que não comecem pela descrição detalhada deste acontecimento abençoado: o dispositivo engenhoso de Brunelleschi. Em seguida, as histórias diferem; ao sabor das épocas, a perspectiva "legítima" se torna o princípio incontornável de toda representação pictórica, de toda construção arquitetônica – monumentos e jardins. Ou então, multiplicando-se ao se dividir, ela experimenta outros dispositivos, é testada na circularidade, torna-se impertinente, ou ainda lógica e praticamente improvável (M. C. Escher)[1]. Por fim, ela desaparece dos escritos e dos projetos plásticos, é desertada pela pintura e zombada pelos jardineiros.

Uma forma naturalizada

Mas, quer ela seja discutida, atacada ou até zombada, uma máquina bem montada não morre tão facilmente. A

1. Ver Lucien Vinciguerra, *Archéologie de la perspective*, PUF, "Lignes d'art", 2007. O autor expõe a diversidade das perspectivas adotadas pelos pintores do Renascimento, Piero della Francesca, Vinci e Dürer, e denuncia a simplificação que historiadores e comentadores operam; simplificação que funda uma, e apenas uma, maneira de "perspectivar", considerada então "legítima".

invenção Brunelleschi é uma ferramenta técnica apreciável, e sua aplicação em diversos campos (arquitetura, pintura, jardins e paisagens) a torna, de acordo com o espírito do século, "universal". De simples ferramenta, a perspectiva passou ao *status* de "forma", a qual unifica a representação dos objetos percebidos e dita as regras. Erwin Panofsky assinala essa passagem com um termo: ele chama de "forma simbólica" essa perspectiva que a história da arte tornou legítima.

Ora, se a perspectiva pôde desaparecer enquanto ferramenta de representação, a "forma simbólica" que ela impôs se tornou nosso modo de percepção habitual, aquele que nos "dá" o mundo tal qual ele se apresenta a nós, com seus planos escalonados, seu horizonte e seu ponto de fuga no qual o olhar se perde.

Este mundo, que vemos com evidência, toma forma *a priori* pela perspectiva, comporta-se como um quadro de paisagem. E, nesse afastamento dos demais modos de representação, deixados de lado por uma simplificação drástica, pressentimos tratar-se de uma máquina muito mais voraz do que parece. E astuta.

A perspectiva e seu resto

A astúcia consiste em ter essa ferramenta técnica de representação que é a perspectiva encontrando um campo de aplicação em vias de constituição que convinha perfeitamente ao seu próprio desenvolvimento. Trata-se de naturalizar (tornar natural, isto é, necessária) essa máquina de "formatar" as representações; e que meio mais astucioso para alcançar esse objetivo do que utilizar-se da própria natureza?

Após a invenção de Brunelleschi ter geometrizado, em linhas gerais, as arquiteturas urbanas, restava, entretanto, captar e restituir o que havia escapado: o céu e suas nuvens, o vivo com formas informes e inalinháveis, o torto, o turvo, o reflexo, a mancha. A perspectiva inteiramente nua deixava restos. Para que a representação representasse, era preciso completar o quadro e introduzir a nuvem. Elevar a vista e estendê-la para além da linha traçada e mostrar o que não se podia deduzir: a paisagem, em seu conjunto emaranhado, e o além: o infinito, o que há "por trás", mais longe e mais alto, uma presença imaterial, de alguma maneira a alma do mundo.

A experiência de Brunelleschi errava o alvo, de algum modo, e o engenhoso arquiteto foi o primeiro a aperceber-se disso; para preencher a lacuna, pensou em suspender um espelho acima de seu pequeno quadro para que se refletisse inteiramente nele a "vista" do Batistério, tal como a poderia captar um espectador situado no ponto fixado pelo centro do quadro[2]. O dispositivo tinha assim dois suportes

2. No que diz respeito a esse dispositivo complexo e sua interpretação, ver os incontornáveis *L'origine de la perspective* (Flammarion, 1987) e *Théorie du nuage* (Seuil, 1972), de Hubert Damisch. Ver também, do ponto de vista da máquina-perspectivista e do tempo: Edmond Couchot, *Des images, du temps et des machines dans les arts et la communication*, *op. cit.* Nessa obra, o autor descreve com precisão essa experiência e mostra como ela dita as regras de uma relação espaço/tempo na base de toda figuração possível e, com isso, oferece um suporte técnico sensível aos nossos *a priori*.

materiais: a tabuinha pintada e o espelho, os dois componentes na base dessa outra aventura e invenção que foi a pintura de paisagem.

A pintura de paisagem conciliava, assim, a engenhosidade de um dispositivo e a ingenuidade de uma natureza, a arquitetura e seu meio ambiente, o resumo laborioso que requer cálculos e astúcias e o que se reflete naturalmente – carecendo o espelho de malícia, assim como careceria uma poça d'água.

Conciliação, mas também passagem, via de acesso ao mundo celeste e glorificação do poder divino. Pela contemplação da paisagem pintada, o espectador é conduzido à meditação. Entre deus e o homem, a pintura de paisagem inventa um terceiro, uma entidade, nem criatura de Deus nem criação do homem, um híbrido que resulta dos dois protagonistas.

Para o divino – que ela revela –, a paisagem pintada cumpre o papel de servente, oficializa uma ligação; para o homem – artista ou espectador –, oferece uma via de acesso ao espiritual, um ponto de onde vislumbrar o infinito. Bipolaridade, ambiguidade e certamente alguma perversidade, pois essa fábrica artesanal recorre à sedução ao apostar no divino, quando ela é hedonista em sua alma.

O CÍRCULO DAS SUBSTITUIÇÕES

A perspectiva e suas regras iniciam o mecanismo de substituição. A tabuinha pintada representando o Batistério o substitui para um espectador com o olho aguçado, enquanto, simultaneamente, o espelho substitui o céu e suas nuvens. A pintura vai ainda mais longe: ao mesmo tempo representação segundo as regras e espelho do real, convidando-os a ser uma mesma coisa num único gesto, ela substitui habilmente pelo que está pintado – uma produção intencional – o que está aí sem intenção – e que denominamos "natureza".

Essa empresa de substituições em cadeia é o coração da grande máquina que é a "paisagem". E, ao observar essas substituições no contexto da *tavoletta* e do Batistério, compreendemos melhor os momentos dessa operação "mágica", seus desenvolvimentos e seus recobrimentos sucessivos.

A pintura de paisagem, tão tímida nos painéis urbinatos (uma árvore acima do teto de um palácio, um pedaço de mar mal indicado pelo traço azul sob um barco, ali, "bem no fundo"[1]), empreende pouco a pouco a conquista do que ela representa. Pois ela não se contenta em imitar o que nos cerca: os vegetais, os minerais, assim como o ar e a água (os quatro elementos); ela se torna o seu *representante autorizado.* O que ela mostra, ela diz: é assim.

A máquina perspectivista submete o diverso a cortes regulares, alinha, aponta, quadricula. Tudo o que ela exclui – o exuberante, o informe, o desordenado – a pintura de paisagem o retoma e o integra num conjunto que o espectador vê em simultaneidade.

Ela lhes dá um lugar seleto: ei-los proliferando, expulsando as personagens ou encolhendo-as, invadindo as arquiteturas, que eles transformam em ruínas; a tempestade ressoa, o relâmpago arranha o céu, as nuvens ameaçam. Uma cobra morde o homem que jaz inanimado, a criança chora, a torrente transborda, o arco da ponte se rompe. Eis a natureza, tal qual em si mesma a pintura a transforma.

A natureza é a paisagem, diz a pintura, e vice-versa. Excluir, retomar, reformar, dar nova vida ao que foi excluído para *territorializar pictoricamente a realidade cambiante do diverso,* esses são os momentos da substituição.

Tudo ocorre como se uma espécie de máquina pictural concorresse com a máquina perspectivista, e isso nos dois sentidos do termo "concorrer"[2]: ela reforça a máquina perspectivista e, de algum modo, aumenta-a, enquanto, no mesmo momento, ela a ultrapassa, ocupando então o pri-

---

1. Os três painéis – de Urbino, de Baltimore e de Berlim – chamados também quadros de perspectiva.

2. No original, *doubler,* termo que significa dobrar, duplicar e, em outro sentido, ultrapassar, superar. [N.T.]

meiro lugar na representação do real, a ponto de fazer esquecer o que ela acaba de superar.

Pois substituir é fazer esquecer o que se trocou, é engoli-lo e digeri-lo. Na pintura de paisagem, a perspectiva, integrada (digerida) como ferramenta de representação, está confinada num papel subalterno, esperando desaparecer pouco a pouco de toda consideração pictural. O laborioso calculador, o engenhoso que estabeleceu as bases do edifício visual, inclina-se diante do inspirado, o artista, que dissimula a simulação sob uma aparência de verdade.

Certamente, o espelho e a nuvem são responsáveis pela entrada da paisagem no mundo das idealidades. Com efeito, como é possível que uma paisagem pintada se eleve assim acima de sua condição (assim como se dizia antigamente de alguém modesto que "saía de sua condição")? Que ela esqueça (faça esquecer) sua fabricação e as condições de sua realização? É certamente preciso, mais do que uma substituição, mais do que um esquecimento, toda uma série de transformações, deslocamentos e passes de mágica.

Potências do ícone

Figura ambivalente, articulando vários níveis de sentido, o ícone parece operar de maneira mágica sobre os conteúdos que ele oculta e revela segundo a ocasião. Observar a paisagem pintada e, em seguida, a chamada paisagem "real" (fora do campo pictórico) a partir de sua função icônica poderia realmente convir à descrição desses jogos de significados e esclarecer nossa pesquisa sobre a máquina-paisagem.

A semelhança

Com efeito, a paisagem pintada se situa sob o signo da semelhança – ela se assemelha ao que vejo diante de mim – e essa é uma das propriedades maiores do ícone: a que lhe atribui a semiótica de Pierce.

Essa semelhança da imagem com o objeto que ela pretende representar é a propriedade do ícone que nos é mais aparente. A paisagem pintada é "semelhante", reproduz os traços do que é oferecido à nossa visão, e esse caráter icônico leva a acreditar na realidade do objeto imitado: a semelhança, com efeito, age no campo da imagem – "sim, ela se assemelha a..." – e no campo do objeto imitado: ela garante que esse objeto é de fato real, pois é possível imitá-lo. Base de qualquer outra operação semiótica, a iconicidade une, por semelhança, o significado ao significante, como diria a semiótica. Ela assinala, além disso, a proximidade do sensível (minha sensação visual) e do fazer (minha engenhosidade em convocar o seu simulacro), o que não poderia desagradar ao artista nem ao espectador.

O contorno do obscuro

Entretanto, algo permanece fora do efeito de semelhança, pois aquilo que garante e mantém a semelhança (todo o trabalho artesanal do pintor) indica, ao mesmo tempo, a artificialidade do que pensamos ser natural.

A dúvida sobre a veracidade do objeto pintado conduz a interrogar-se sobre outra propriedade do ícone, menos frequentemente evocada, e que lhe empresta a tradição ortodoxa. Para ela, o ícone subtrai o que ele mostra, proíbe o que ele propõe e reúne o heterogêneo numa aparência de homogeneidade[3]. Esse aspecto incide na *semelhança do não semelhante*, fazendo intervir o *reagrupamento* do diverso numa figura que o simboliza. Do que se vê que o ícone manifesta forte inclinação para o símbolo[4].

Deixamos então o território do concreto "real" ou o que acreditamos que seja assim, não é mais de imitação de que se trata, eu diria até mesmo: ao contrário, pois a abordagem que o iconismo dos patriarcas propõe é inversa.

Em sua ótica, mais do que um trabalho de imitação que visa à semelhança ou mesmo à similitude, o ícone é, antes de tudo, um "objeto de crise [...] um lugar convulsivo" que revela "a natureza ambivalente e não substancial de toda imagem", como relembra Mondzain no prefácio de seu livro[5].

Figurar a ausência é uma empresa perigosa, e os iconófilos aprenderam algo a esse respeito[6]... "Ausência" é, aliás, um termo abstrato e certamente fraco para designar o que não pode ser mostrado, como a invisibilidade ou a incorporeidade divinas. Mostrar o imostrável, figurar o infigurável, esse é o desafio enfrentado pelo ícone. A figura

---

3. Ver os estudos de Marie-José Mondzain sobre o trabalho dos patriarcas de Bizâncio: *Nicéphore. Discours contre les iconoclastes*. Klincksieck, 1990, e *Image, icône, économie. Les sources bizantines de l'imaginaire contemporain*, Seuil, 1996.

4. Um ponto deve ser esclarecido: paradoxalmente, as pinturas a que chamamos ícones na arte bizantina não são imagens apresentando (representando) objetos, mas figuras da ausência.

5. Marie-José Mondzain, *Le commerce des regards*, Seuil, 2003.

6. *Ibid*.

crística, hierática, imobilizada pelo contorno que a cerca, materializa o desencarnado por uma estratégia de apagamento, ou até mesmo por uma estratégia do obscuro.

Apagados os traços singulares de um rosto real, substituídos por um conjunto de signos que sugere a sua forma, o ícone apresenta, por certo, um rosto, mas rígido, sem qualidade e como que abstrato de um universo obscuro. A abstração triunfa sobre a semelhança, mas, paradoxalmente, sua exposição adquire o aspecto de uma figura que se assemelha a um rosto. Paradoxal, o ícone também o é pelo contraste entre a riqueza do suporte, a plenitude da cor realçada com ouro e pedras preciosas e a austeridade do olhar vazio que está nele aprisionado. O obscuro (o desconhecido, o sem-rosto do além) é nele rutilante, ao passo que a figura em si mesma permanece fantasmática.

Ocorreria o mesmo com a paisagem pintada? Ela seria um ícone do mesmo tipo e mostraria a ausência do que ela apresenta? Ela delimitaria, com um traço provisório, o que escapa à vista, assim como aos demais sentidos, e que se chama "invisível"?

Essa acepção do ícone, como o que responde em termos de figuração à invisibilidade divina do que ele figura, pode parecer bastante distante da pintura icônica da paisagem; em contrapartida, ela pode servir para compreender como se operou, sem que o soubéssemos, a virada que desloca a representação de uma paisagem concreta para sua presença *enquanto entidade substancial.*

O DUPLO EQUÍVOCO

Eu falava há pouco de magia, a respeito dos poderes do ícone, e, se a palavra é um pouco forte, trata-se efetivamente de um passe de mágica cujo mecanismo não é fácil de entender. Trata-se de mistério? De escândalo? Ou de alguma astúcia dos próprios elementos da imagem?

Como compreender, com efeito, que uma imagem – pintada neste quadro aqui e representando aquele conjunto de objetos ali (conjunto qualificado como "paisagem") – pudesse exteriorizar-se a ponto de existir independentemente do quadro e alcançar o *status* de conceito ou de ideia "geral", gerando assim empresas bem reais?

Ora, a resposta aqui sofre de um duplo equívoco: o que dispõe a questão da paisagem em benefício de uma visão teológica e o que faz dela uma porta-voz autorizada da "natureza". Os dois trazem consigo um jogo complexo de pequenas máquinas mentais que se ativam automaticamente sempre que se fale de paisagem.

Teologias

No que diz respeito ao primeiro desse duplo equívoco, as hipóteses em andamento possuem a mesma estrutura – elas se amparam na propriedade da figura icônica de "mostrar" o que é imostrável – mas diferem levemente em sua orientação.

Desvendar – uma das hipóteses para responder à questão invoca o poder atribuído à arte (e aos artistas) de revelar ou desvelar o que ordinariamente não vemos: assim, essa harmonia, esse conjunto amarrado, essa riqueza de elementos naturais, presentes ao nosso redor e que não apreendemos como tais, o artista os descobre e os expõe sob a forma de uma (bela) paisagem. Em resumo, a paisagem existia, mas não a víamos antes que o artista a mostrasse, pois ele tem esse poder de tirar o visto do invisto[1], de fazer ver o que permanecia até então invisível. Pelo concurso da arte, a paisagem vem ocupar um lugar seleto no concerto dos objetos do mundo.

Hipótese lisonjeira para a arte, os artistas e os humanos em geral – e frequentemente proposta –, mas que não resolve o fato de que esse visto, saído do invisto, possa autonomizar-se. Hipótese que tem, ademais, o inconveniente de indicar o campo – tão obscuro quanto o que se pretende esclarecer – da atividade artística concebida pelo ângulo

1. Neologismo. No original, *invu*, termo que designa o que nunca é visto. [N.T.]

de seu poder de revelação. Uma maneira de teologizar a prática da arte.

Transcender – outra hipótese estabelece, assim como a primeira, a existência do universo como prévia, mas trata-se então de um universo *invisível por natureza* ou, antes, "sobrenatureza"; é então apenas a ação divina, direta ou delegada, que pode fazer desse invisível o lugar de uma revelação. Essa segunda hipótese orientada para o teológico não se opõe à primeira, e é comum que as duas se associem numa mesma abordagem, uma reforçando a outra.

A paisagem pintada realizaria assim o feito de *mostrar* a relação entre o homem e o divino, entre a finitude humana e o infinito do mundo. Pois é de fato o mundo inteiro em sua pluralidade ilimitada que a paisagem pintada evoca; mostra-se como pintura semelhante apenas para apagar essa semelhança singular em proveito da imagem mental de uma paisagem ideal, valendo para toda apreensão possível da natureza do mundo que nos cerca.

Nesse sentido, a paisagem pintada age da mesma maneira que o ícone do Cristo pantocrator[2]; invoca a intuição de uma natureza transcendente que ela simboliza; a iconização é o motor de uma máquina teológica, que faz passar do campo do visível concreto inteiramente humano ao campo do invisível de essência divina.

Funções de horizontes – para que essa passagem ocorresse, foi preciso que a pintura de paisagem apresentasse

2. Mais antigo ícone conhecido de Jesus Cristo, conservado no Monastério de Santa Catarina, no Monte Sinai, Egito. [N.T.]

certos traços particulares, capazes de permitir o transporte de um campo a outro. Entre esses, nenhum é mais eloquente do que a evocação pictural do horizonte[3]. Como escreve Herman Parret, utilizando as distinções de Jean-Luc Marion entre visível e visual, invisível e invisto: "o invisível é o horizonte do visual [...] ou até mesmo seu fundamento". Em outras palavras, é sobre um fundo de invisibilidade que se apresenta o visual, e nada poderia ser visto sem antes ter deixado o obscuro da invisibilidade primeira. Fundo, fundamento e horizonte são da mesma natureza, comportam-se como fantasmas que proíbem o conhecimento, ou, ao contrário, como os guardiões de uma intuição superior.

Essa proibição está claramente indicada na pintura de paisagem pela linha do horizonte. Essa linha tem função de separar o desconhecido do conhecido e o semelhante do insemelhável.

Um traço azul ou um leve nevoeiro, o sinal de um raio de sol poente, a simples diferença de cor entre terra e céu, e, já mais incertos, os azuis contrastados da água e do céu. O que há por trás dessa linha que obstrui nossas pretensões e as reduz ao plano humano das medidas e das distâncias? Além da linha: o desconhecido; aquém: medidas, distâncias, planos escalonados e tempos contados. Não podemos ir além senão pela imaginação – apenas a ficção pode abor-

---

3. Jean-Luc Marion, *La croisée du visible*, PUF, "Quadrige", 2007, e Herman Parret, *Épiphanies de la présence. Essais sémio-esthétiques*, Presses Universitaires de Limoges, 2006. Se o primeiro autor introduz a teologia cristã no campo do invisível e do visível, na qualidade de um fundamento insuperável, o segundo utiliza a história da arte e as obras do Renascimento para refinar a hipótese de um invisível que tem a possibilidade de se "mostrar" nas e pelas obras de arte.

dar o invisível –, não alcançaremos o detrás da paisagem; quando muito, imaginá-lo-emos e, seduzidos por nossas próprias imagens, pensá-lo-emos de maneira idêntica; por trás da paisagem que vejo outra paisagem se esboça no pensamento: a mesma.

O que promete ali, ao longe, o céu dourado de Claude le Lorrain[4] é feito de ausência e de distância. No filme de Polanski, *Tess*[5], a paisagem, por si só, indica a impossibilidade de ultrapassar a linha do horizonte: presente durante toda a intriga, prende a heroína em sua implacável rede (no caso de *Tess*, isso se chama "destino"). Estamos sempre procurando superar essa linha. Ela assinala a impossibilidade de um invólucro total, um dos lados de nosso invólucro se agita ao vento, incerto. Contrariamente ao que geralmente se diz a seu respeito, o horizonte é fechamento, interdição, e, por trás de sua barreira imaterial, começa (e se ilimita) o desconhecido.

Pois o invisível é um território que não se pode conceituar, mas somente sugerir, de longe. Parret encontra a ilustração dessa mostração – que não é nem uma representação, nem uma descrição – na pintura do *Quattrocento* italiano; as Anunciações italianas, especialmente a de Lorenzetti[6], apresentam esse invisível sob a forma de sua encarnação anunciada.

---

4. Claude Gellée (1600-1682), também conhecido como Claude le Lorrain (o loreno), grande representante da pintura da paisagem clássica. [N.T.]

5. *Tess* (1979), produção franco-britânica dirigida por Roman Polanski, adaptada do livro *Tess of the D'Ubervilles* (1891), de Thomas Hardy, com Nastassja Kinski no papel título. [N.T.]

6. Ambrogio Lorenzetti, *Anunciação*, 1344, Siena, Pinacoteca Nacional.

Todo um aparato sintomático – o anjo, o raio luminoso que penetra até o ventre da virgem, seu quarto quase fechado, a abertura (janela ou arcada) etc. – acompanha essa passagem do horizonte celeste à cena terrestre. Parret não se engana: o invisível pertence realmente ao sagrado, e, quando ele se "mostra", ele evoca e invoca uma essência, um ser substancial. Para ele, a impossibilidade de conceituar o invisível e de ultrapassar a fronteira do horizonte o conduz a privilegiar – além das obras de arte, e particularmente as Anunciações – os artistas contemporâneos que se empenham em trabalhar nas fronteiras do invisível.

Se a prioridade não cabe, em Parret, à teologia – considerada apenas como iluminação –, permanecemos, no entanto, na estética, num "fazer ver" especializado, nos pequenos mundos fechados da arte e do especulativo; sendo o visto, o invisto, o visível, o visual e a possível mostração do invisível os motores e as constantes dessa interrogação.

Assim, o que "começou" no terreno e no campo da prática, com a invenção da perspectiva pela engenhosidade de geômetras e de arquitetos, como uma astúcia de oficina, por assim dizer, vem culminar, fora do campo pragmático, numa metafísica, numa teologia e numa ética: elevação do espírito e contemplação do divino através da natureza.

Equivalente natural

Outro equívoco, e de uso comum, não somente difundido, mas também profundamente enraizado que faz da paisagem um *valendo por*, um equivalente da "natureza". O ícone claramente se voltou para o campo do símbolo.

"A natureza"? O que entender por isso? Nesse termo, despejamos em geral tudo o que temos ao nosso alcance em termos de verdura, minerais e vegetais, água e ar, montanhas e planícies, sem falar dos oceanos. Uma superabundância extrovertida, sobrevisível. Não somente a natureza não se esconde, mas ela se exibe plenamente e em todos os seus estados.

Uma feliz confusão se estabelece – aqui também, a pintura nos envia mensagens: vasto almoço sobre a grama, com vitualhas de todos os tipos, frutas e prazeres à vontade, Vênus deitada ouvindo os músicos, concertos campestres, tempestades e chuvas de outono. Cada canto de verdura, por mais miserável que seja, faz-nos gritar: "A natureza!". Cada plano distante com formas familiares (mar, montanhas, colinas) nos faz gritar: "Que vista! Que paisagem!". Nadamos numa cultura da Natureza apresentada sob a forma de paisagem; fotografias, longos planos filmados de paisagens antes da palavra "*End*"; passagens e misturas entre o que vejo (ou acredito ver "de verdade") diante de mim e sua representação icônica ou iconizada: uma paisagem. Mensagem moralizadora vinda da própria Natureza através da paisagem pintada ou fotografada: "Vejam como sou e o que fizeram de mim!".

Embora o resultado (ruidoso e desordenado) desse segundo equívoco seja absolutamente contrário à visão fenoteológica do primeiro, a mesma operação de iconização o preside. É por um passe de mágica de uma figura retórica – o ícone – que paisagem significa Natureza. Embora saibamos muito bem que a paisagem foi moldada e continua a sê-lo[7] – moldada, isto é, transformada, escavada, deteriorada, derrubada, desmatada, reconstruída... –, continuamos a pensar a paisagem a partir do modo do natural.

Esse é um mistério e a prova de que dificilmente podemos escapar de nossas construções mentais, de nossas "máquinas". E, no entanto, isso não se dá por carência de meios de perceber o equívoco, tanto conceitualmente quanto praticamente ou por simples bom senso.

Moldados somos nós! – Como se diz nos pátios de recreio: "xxxx é você!". E é realmente verdade que somos moldados para pensar conjuntamente natureza e paisagem e a opor artifício (ou indústria) e natureza. Uma composição bem amarrada de elementos díspares habita nossos pensamentos – eco de um sentimento do sagrado, em que a *natureza* é divinizada enquanto força primitiva, potência incontrolável.

Gaia ou Gé[8] – a mitologia está muito próxima –, a natureza é confundida com a Terra, onde criamos raízes, e vagueia com ela entre os planetas. Dispensadora inesgotável de bens a serem consumidos e, no entanto, frágil proteção contra a miséria de nossas pobres vidas (e a ser preservada

7. Suzanne Paquet, *Le paysage façonné. Les territoires postindustriels, l'art et l'usage*, Presses Universitaires de Laval, 2009: belo estudo sobre essa moldagem e os intermediários que dela participaram. E, é claro, "a artialização" de Alain Roger e o trabalho de Augustin Berque sobre os meios que moldaram, por sua vez, a apreensão crítica da paisagem.

8. Gaia ou Gé (ou, ainda, Geia) é a Mãe Terra na mitologia grega, geradora do Céu, do Mar e das Montanhas. [N.T.]

em razão dessa mesma fragilidade), a natureza pode ser invocada à maneira de um ídolo, sob o aspecto tranquilizador de uma bela paisagem.

Outros elementos se agregam ao sentimento primitivo de medo e veneração mesclados: a longa história de suas origens – da invenção da perspectiva aos nossos dias – atrai um cortejo de imagens, toda uma galeria de pinturas, de cartões postais, de fotografias, de recordações patrimoniais, vinculada a uma paisagem ou outra e da qual existem vestígios autorizados. Romances familiares e escolares. Visitamos uma cidade porque lemos um livro, encontramos uma personagem de romance; Balzac é a paisagem de Angolema; Flaubert, a de Cartago; e Modigliani, a de Montparnasse[9] (entre outras). A paisagem não é sempre uma árvore.

É difícil, ou até impossível, descrever peça por peça aquilo que se aglutina, que se cola ou que se distingue, toma a dianteira ou se apaga, ainda vive ou está a morrer neste edifício mental permanentemente rearranjado que é a paisagem para cada um de nós.

Todos esses ingredientes, cuja mistura é instável e imediatamente transformável, permitem à paisagem *funcionar*, isto é, ser pertinente para múltiplos discursos ou projetos e em múltiplos registros. Assim, ela é, em seu aspecto trans-

9. Angolema (ou Angoulême) é cenário de *As ilusões perdidas*, obra capital do romancista francês Honoré de Balzac; Cartago é tema do romance histórico *Salammbô*, de Gustave Flaubert; por fim, o pintor italiano Amedeo Modigliani viveu no bairro parisiense de Montparnasse, na década de 1910, onde realizou, sob a influência do ambiente boêmio do local, algumas de suas obras mais importantes. [N.T.]

cendente, a pedra de toque de reflexões sobre o sublime, de meditações cristãs, de apologias do vivente[10] e, no aspecto da ação, o princípio da *deep ecology*, bem como dos planejamentos urbanos e periurbanos e dos discursos que os acompanham.

Máquina extensionista, máquina come-tudo, a paisagem deve seu poder à sua própria multiplicidade; máquina com dupla face (pelo menos), ela é tanto uma máquina de observar e formatar a Natureza[11] – a paisagem enquadra e lhe dá uma forma – quanto uma máquina de projetar-se no mundo – o ator (paisagista, artista, comanditário ou planificador) intervém de acordo com seu interesse e imprime seu ponto de vista. Assim, a paisagem satisfaz as duas condições de existência de uma máquina concreta: ela funciona, no interior, como pensamento e ficção em intenção, e, no exterior, como realidade em extensão.

---

10. Para relembrar: Baldine Saint Girons e Chrystèle Burgard (dir.), *Le paysage et la question du sublime*, Réunion des musées nationaux, 1ª ed., 1997.

11. Uma ilustração dessa máquina de enquadrar que é a paisagem é oferecida por Emanuel Licha, em seu filme *Hôtel Machine* (projetado em Aix-en-Provence no quadro do festival "Imagens de cidades", em novembro de 2014), o qual interroga a forma pouco conhecida de *observatório paisagístico* que é o hotel destinado aos jornalistas ou observadores autorizados, construído sobre o teatro de operações militares. As janelas do prédio, todas voltadas para o local dos exercícios, servem de enquadramento e formatam as informações a serem transmitidas.

A PAISAGEM NUA

A partir desse momento, no que diz respeito à paisagem e à sua "máquina", não se trata mais, para compreendê-la, de permanecer no campo estético nem no da teologia ou no da ética, mas de passar da paisagem icônica à existência da paisagem como *uso* no mundo em que vivemos e de ver como ela funciona.

Fora de sua representação pictórica, a paisagem é uma entidade perfeitamente formada que se impõe ao campo do político, da empresa, do trabalho, da economia geral. Ela é objeto de uma prática, gera atividades, inscreve-se nas instituições. Mais do que a arte e suas obras, frequentemente tidas como vãs, ela é reconhecida como dotada de utilidade pública, plebiscitada pelos habitantes, cidade e campo reunidos.

Funções, *status* e usos

Um primeiro traço que não carece de ironia: quando se trata de paisagem, o governo francês cria, segundo a ocasião, "missão", "departamento", "gabinete" ou ainda "direção" vinculados ao Ministério da Cultura e da Comunicação. A definição institucional da paisagem varia de acordo com os remanejamentos do governo estabelecido. Assim, ela transitou de ministério em ministério, caminhou do Planejamento do Território ao Urbanismo e aos Transportes, do Equipamento à Ecologia e ao Desenvolvimento Sustentável, do Meio Ambiente e das Tecnologias Ecológicas à Transição Energética e Energia, do Clima à Prevenção dos Riscos Naturais e Tecnológicos, da Segurança Industrial aos Transportes e suas infraestruturas, e até mesmo ao Mar[1].

Diríamos que *os marcianos devem ter cruzado suas antenas em algum lugar*[2]. Na verdade, não sabemos muito bem onde situar essa paisagem no quadro institucional; como elemento essencial de uma restruturação, ou tapa-buraco e embelezamento?

---

1. Um histórico das atribuições sucessivas dos diferentes ministérios pode ser consultado no *website* do Ministério da Ecologia. Mas, apenas para relembrar, eis como está referenciado o documento do OPP – Observatoire Photographique du Paysage) [Observatório Fotográfico da Paisagem] –, editado em 2008: "Direção geral do planejamento, da habitação e da paisagem"; "Direção do habitat, do urbanismo e das paisagens"; "Subdireção da qualidade das condições de vida. Gabinete das paisagens e da publicidade exterior". Esta última qualificação dá o que pensar...

2. Segundo a expressão divertida de Nelson Goodman a respeito do funcionamento dos museus, em *L'art en théorie et en action*, Gallimard, "Folio essais", 2009.

Certamente, a multiplicidade de seus aspectos, as diferentes maneiras de apreendê-la, os equívocos que ela acarreta trazem incerteza e indecisão quanto ao *status* a lhe ser atribuído. No entanto, se a encontramos aqui ou ali em campos muito distantes uns dos outros, é em função de seus atrativos: a paisagem serve de isca, ela é alardeada como um algo mais, um melhor-estar vindouro (em certa época, ela pertencia ao Ministério das Condições de Vida), e os projetos de requalificação de espaços degradados se valem dela.

Não obstante, sua ação sobre a vida comum, sobre a política do espaço e sobre os desenvolvimentos ligados à ecologia urbana se manifesta de diferentes maneiras, e suas contribuições são, por vezes, estranhas. Uma moral comportada e patrimonial acompanha uma vigilância técnica do território nacional, enquanto se desenha uma nova construção hipernatural, na qual cidade e paisagem se confundem numa coisa só.

Uma moral da paisagem

A paisagem repara a cidade, sua agitação, o movimento perpétuo que ela impõe. Refúgio de paz, repouso, saúde física e moral são os benefícios que ela traz à cidade. As crianças brincam, os idosos tiram uma soneca em praças arborizadas, jardins paisagísticos (mal) inseridos no quadriculado das ruas. A moral é curta: a grama é rasa e murcha, "proibida", penaliza a bola que nela aterrissa, o cachorro e suas fezes, o passo dos caminhantes atordoados.

Essa é, por certo, uma visão datada, quase haussmanniana[3], em todo caso paternalista, da função "paisagem" na cidade. Ela se manifesta em jardins públicos, espaços verdes, ou até mesmo jardins operários ou – como preferimos dizer hoje, – compartilhados. "Paisagem" é, nessa prática, o equivalente de Natureza. Falar de um é falar do outro. Ainda que essa versão urbana encolha a ideia e a coisa paisagem, o princípio natureza-paisagem ainda está hoje no centro de práticas semelhantes. Os jardins naturais são prova disso, propondo o apaziguamento das tensões num "espaço paisagístico", enobrecido, embelezado, tornado mais natural que a natureza. Não há mais canteiro verde, vagamente ondulado, com alfenas inquebráveis, mas um parque atraente com lagos murmurantes, caniços e plantas selvagens, alamedas sinuosas ao longo de cercas entrançadas. O pretexto ecológico lhe garante a perenidade e lhe justifica a existência[4]. A moral jardineira está centrada no biológico, uma moral da medicina suave, e não mais nas recomendações higienistas do século XIX.

Por essa razão, jardim-natureza e natureza-paisagem formam sempre um casal legítimo e se posicionam em pontos determinados da cidade. Suas posições, assim como suas

---

3. Referência a Georges-Eugène Haussmann (1809-1891), prefeito de Paris responsável por importante renovação da cidade. Sua concepção urbanística, presente em parques, alamedas e grandes obras públicas, deixou uma herança duradoura na capital francesa. [N.T.]

4. Françoise Dubost, *Les jardins ordinaires*, L'Harmattan, 2000; "Évolution sociologique et questions de sémantique" em *Du jardin ouvrier au jardin partagé, un rôle social et environnemental*, Bibliothèque numérique de l'INP, n. 4, 2007; "Les paysagistes sous la bannière de l'écologie urbaine", *Ethnologie française*, n. 4, 2010.

funções, são estáveis. Mais "naturais", os jardins paisagísticos permanecem, no entanto, prisioneiros de uma máquina estética e moral de fabricar felicidade.

Uma paisagem-observatório

Numa vertente oposta, eis a paisagem mobilizada como sentinela: não se trata mais de estética, nem de moral nem de urbanizar a paisagem e paisagizar o urbano: é do território que se trata; o OPP instala um dispositivo destinado a identificar um conjunto de estruturas paisagísticas formadas ao longo da história: uma unidade paisagística. A fotografia serve aqui de instrumento; segundo o protocolo do OPP, fotografias são tiradas em determinados intervalos a partir de um ponto de vista sempre idêntico e com o mesmo enquadramento, de modo a destacar os elementos da estrutura paisagística que evoluíram. Nesse caso e desse ponto de vista, a paisagem é justamente definida como "uma parte do território tal qual é percebida pelas populações cujo caráter resulta da ação de fatores naturais e/ou humanos e de suas inter-relações"[5]. Reconhece-se nisso a linguagem administrativa com seu encanto tão particular...

Essa empresa não está isolada, outras operações de reconhecimento a precederam; é o caso das "encomendas"

5. Documento editado em 2008 com o título *Méthode de l'Observatoire Photographique du Paysage* [Método do Observatório Fotográfico da Paisagem].

da DATAR – Direction de l'aménagement du territoire et de l'attractivité régionale – [Direção do planejamento do território e da atratividade regional] –; as missões se distribuíram de 1984 a 1988, recorrendo a 28 artistas que se utilizaram da mídia fotográfica para "criar novas representações do território e captar um momento singular de sua evolução"[6].

Essas missões, mais ainda do que o observatório fotográfico, ilustram a dupla face da máquina paisagem: por um lado, a paisagem é uma peça do jogo territorial, que a política utiliza como referência capaz de indicar o estado de saúde do país e, por outro, é um apelo às virtudes da estética e ao talento dos artistas cuja intuição imaginativa deve tornar perceptível a alma ou o espírito dos lugares.

Pintura e fotografia publicizam e embelezam de maneira "inocente" a constatação da mudança[7].

Um novo paradigma

O passageiro da cidade ou caminhante ordinário vive sua cidade dia após dia e mal percebe diferenças em sua

---

6. Dominique Auerbacher segue uma reflexão crítica sobre a impossibilidade da identificação dos lugares e sobre a maneira como ela respondeu, de sua parte, a essa encomenda: "L'artiste et la comande" em *Paysages sur comande*, Le Triangle, 1990.

7. Certas operações mostram a que ponto a paisagem focaliza inquietudes e esperanças. É o caso, por exemplo, do "Prêmio da paisagem". Não se trata de atribuir prêmios a paisagistas, tendo em vista seus projetos, mas de avaliar (a beleza? um planejamento bem-sucedido? de) algumas "paisagens" designadas em determinada região. Como membro do júri de uma dessas manifestações, tive muita dificuldade em decifrar a encomenda. O mínimo ou o grandioso? Beleza ou planejamento? Ou os dois? Ou a vista que se tem para as Corbières [N.T.: região montanhosa do Sul da França]? Ou, ainda, as vacas deixando belas manchas claras nos prados de Aubrac? Mas "paisagem" já deixara a esfera da estética; tratava-se – eu o percebi um pouco tarde – de administrar os espaços de maneira paisagística.

geografia e em sua "paisagem". Dir-vos-á que o que muda são as lojas (nada além de roupas), a circulação (impossível), as vagas para estacionar (não encontráveis), os automobilistas, as bicicletas e até mesmo os pedestres (cada vez mais inconscientes, perigosos e irrecuperáveis). Ele caminhará sem problemas ao longo da gradezinha com catraca da praça em frente à prefeitura e se surpreenderá, insatisfeito, com as obras empreendidas nas grandes vias ("isso custa milhões, e não vemos serventia").

Em suma, se há um novo paradigma urbano, ele passa despercebido ao (grande) público. Vagos rumores a respeito da Grande Paris, projeto demasiado distante e complexo para que o acompanhemos com interesse, são para o cidadão "normal" os únicos indícios, ainda bastante fracos, de uma mudança estrutural possível.

E, no entanto, embora não seja realmente manifesta, a mudança trilha seu caminho; argumentos e propostas das agências de arquitetura e de paisagem avançam rapidamente. A Grande Paris lhes fornece a ocasião de expô-los e de aprimorá-los.

A primeira coisa notável desses projetos é que "paisagem" praticamente desaparece dos discursos, e o que ocupa o seu lugar é o termo "natureza". Isso não nos deveria surpreender, entretanto, pois eles são equivalentes segundo a opinião comum. No entanto, esse desaparecimento ainda pode espantar. Os jardins e paisagens que pontilham a cidade com seus pequenos quadrados verdes disseminados pelo mapa dão lugar a grandes massas vegetais (por vezes, agrícolas) que têm função de ligar certas partes urbanas umas às outras, ou, ao contrário, separá-las claramente, ficando então a densidade do construído intensificada, e a cidade como que encerrada pela barreira vegetal. Esse projeto transforma a cidade em dependência da natureza, um de seus elementos entre outros. Talvez se trate de uma invenção, como diz Yves Chalas, mas mais seguramente ainda de uma reconstrução, um golpe de força na ideia antiga de uma cidade arrancada da natureza selvagem.

A cidade-natureza aproxima, a ponto de fundi-los, os dois antagonistas cidade/campo, urbano/rural. A paisagem, nesse dispositivo, cumpre a função de condutor, é um elemento tão evidente que "nem é preciso mencioná-lo"; quanto à cidade-mundo, ela se alinha com base na *"com."*, segundo a linha definida pelo projeto oficial da Grande Paris como "grande metrópole internacional", medindo-se às grandes metrópoles do século XXI em termos de atratividade – concentração de riquezas, qualidade de vida e desenvolvimento sustentável.

Onde quer que a Natureza, ou o que cumpre a sua função, ocupe o território urbano, periurbano ou mesmo pós-urbano, trata-se sempre de intensificar a fusão entre natureza e artefato, a ponto de produzir (nessa etapa da aventura, trata-se, antes, de projetar) uma cidade-natureza[8] e seu extremo: uma *Hipernatureza*[9].

---

8. Yves Chalas, "L'invention de la ville-nature contemporaine" em *La ville, objet et phénomène de représentation. En hommage à André Corboz*, Presses de l'Université du Québec, 2010.

9. Adrien Gey, "La construction d'une 'Hyper Nature' dans les projets de la ville durable: le cas du Grand Paris", *VertigO – La revue électronique en sciences de l'environnement* [*online*], vol. 13, n. 2, set. 2013, disponibilizado em 1 out. 2013: http://vertigo.revues.org/14120; DOI: 10.4000/vertigo.14120.

Uma cidade-natureza extrema

Segundo o novo paradigma, a paisagem (ou natureza) não intervém *na* cidade como um elemento estranho, contrastando com a rigidez da pedra, do concreto e a geometria do mapa rodoviário; muito pelo contrário, é a cidade que se insere *na paisagem natural* e tende a nela desaparecer por fusão. Zonas construídas muito densas cercadas de massas vegetais ou cidades leves acompanhando uma linha vegetal atravessante, parcelas agrícolas pontuando o trajeto de um curso de água que se estende através de um território urbano extrovertido.

A máquina-paisagem devorou a cidade, ou melhor, ela produz a si mesma como cidade. Finamente concebida, uma comunicação hipersofisticada conclama essa mutação, não por meio de grandes golpes publicitários ou de anúncios, mas como que sem abordá-la, por um jogo de miniacontecimentos que se inscrevem no percurso desejado, como tantos convites para vir e ver. Uma persuasão ecológica, de alguma maneira, carregada pelo rumor[10].

Nem todas as máquinas são rebeldes...

... elas se acoplam ou se fundem, e aquilo a que se chama "novo paradigma", no contexto de uma cidade-na-

10. Ver a "estratégia do rumor", do filósofo Joseph Hanimann, apresentada na abertura do projeto para a Grande Paris da agência Lin (Berlim-Paris). Flexibilidade, leveza, espaço para possíveis transformações não impostas, intuitivas, criação e contágio das imagens mentais são suas palavras-chave.

tureza, é, na realidade, uma composição equilibrada entre duas máquinas concretas: a "*com.*" e a paisagem. Elas têm em comum uma sedução, um atrativo que vence sem forçar e conquista a adesão por meio de leves contatos; passou o tempo do heroísmo das grandes decisões, dos discursos fundadores e dos planos governamentais. Os projetos atuais "arranjam" o existente, por reciclagem, reutilização ou *reenactment*; medicina suave que atua no médio prazo e no aprendizado involuntário, contando com as imagens mentais propostas para modular os comportamentos[11].

Por certo, não faltam imagens que frequentam nossas ideias (projetos, sonhos ou simples noções) de hábitats; elas acompanham e orientam nossas escolhas; da Terra mãe-matriz à casa-ventre, da choupana primitiva e frágil à gruta-refúgio envolvente, uma mitologia fundadora é convocada.

A cidade-natureza pode ser percebida como uma floresta com arbustos e veredas labirínticas, repleta de gritos e murmúrios, por vezes assustadora, sempre viva e propícia às metamorfoses com que nos encanta Ovídio: "Báucis viu flores cobrirem Filêmon, o velho Filêmon folhas cobrirem Báucis [...] *abdita texit ora frutex*, suas bocas desaparecidas sob a vegetação"[12]. Os contos maravilhosos são esquecidos apenas para ressurgir de outra forma, hiper-

11. Ideia que a agência Lin desenvolve com a imagem do "arco paisagístico": "A escolha dessa figura do arco afasta outras associações possíveis como a orla, a ilhota, o limiar ou o limite [...]. O arco é percebido como um trampolim para o mais longínquo; funciona como uma *máquina paisagística* exercendo sua força de atração nos habitantes e nos visitantes, produzindo um novo mapa mental para todo o setor." (p. 83).

12. Ovídio, *Metamorfoses*, livro VIII, 719-720.

modernista. As gravuras de Gustave Doré para os contos de Perrault, ou as selvas de Júlio Verne poderiam de fato ser "hipernaturais" nesse sentido. Com o risco de transpor os relatos para a nossa atualidade.

A viagem das máquinas

Já abalada pela emergência do conceito "paisagem urbana" – essa extensão da acepção clássica de paisagem que, por muito tempo, suscitou dúvidas –, a paisagem se vê em concorrência com algo ainda mais vasto: o meio ambiente, conceito vago, do qual não se sabe o começo e o término, e cujas virtudes não se submetem mais ao juízo estético, mas a uma ética da responsabilidade que não rejeita a estética, mas que faz dela uma espécie de indicador subalterno.

Para os ambientalistas, uma paisagem é bela quando é ecologicamente correta... Isso significa que o sentido original de "paisagem", até então ligado às artes visuais, dispersou-se até desaparecer num *care* biológico que concerne globalmente à natureza – plantas, cidades, territórios distantes e habitantes incluídos.

A saúde (e sua segurança) se tornou a preocupação maior da época atual, mais utópica do que a própria utopia da arte[13], e o que era, ainda há pouco, percebido e sentido como um prazer dos sentidos – "que bela paisagem!" – é

13. Sobre este ponto, ver Lucien Sfez, *L'utopie de la santé parfaite*, Seuil, 1995.

agora encarado como um dever: devemos socorrer o planeta, para o seu bem, sobretudo para o nosso. A esse título, falta pouco para que o prazer que uma paisagem proporciona seja considerado uma distração – no sentido pascaliano do termo –, ele nos distanciaria da preocupação maior: com a biodiversidade e o desenvolvimento sustentável.

Colonizando territórios após territórios, a máquina-paisagem se disseminou a ponto de produzir o próprio desaparecimento, ou melhor, sua dissolução em conjuntos mais vastos, nos quais ela aparece como ancestral melancólico com colorações apagadas.

O resto e seu lugar

O resto da máquina-paisagem seria, portanto, a própria paisagem. E, de fato, ela parece ver-se relegada ao seu lugar natal, nesse ponto de sua própria história em que os pintores do *Quattrocento,* abandonando a lógica meramente perspectivista, haviam ampliado o seu horizonte e "inventado" a pintura de paisagem, e, mais do que isso, seu ícone.

Seria então a arte o seu lugar? Trata-se de um retorno? Uma relocalização? Um novo começo, reanimado pela atualidade? A paisagem teria emigrado para outra máquina, que a assumiria como sua? A máquina-estética seria seu primeiro e último recurso? Tantas perguntas que devemos abordar, examinando a própria máquina-estética.

AS MÁQUINAS DA ARTE: A ARTE "SÃO" MÁQUINAS CONCRETAS

Essa curiosa formulação se deve ao plural das máquinas em funcionamento nos territórios da arte. Pois tudo aqui está no plural, na multiplicidade, na diversidade, no jogo dos contrários e das inversões; nada avança reto, as obras desafiam a sucessão histórica, as classificações se anulam umas às outras, as épocas se emaranham, as hierarquias caem. São concretas essas máquinas, por sua singularidade manifesta e pela mistura entre o plano teórico e o das práticas, entre os quais podemos dificilmente discernir qual comanda qual. São concretas, enfim, no sentido de que, assim como a paisagem, as multiplicidades da arte lidam com o político e o social, com as instituições, com a economia e as finanças, sob a dependência quase total da máquina "*com.*".

Esse plural conjuga não somente as diversas máquinas internas à esfera da arte, mas também as da "*com.*" e da paisagem, como se, no fim da linha, essa máquina plural recuperasse seus restos. Percebo o que semelhante ideia tem de chocante para o amador, o artista ou simples espectador – a arte, uma espécie de aterro sanitário! Sacrilégio! – mas não me posso defender senão tentando seguir essa hipótese.

Basta constatar o caos de traços contraditórios suscitados pela simples evocação da palavra arte, para perceber que esse conjunto talvez seja "qualquer coisa". A pergunta "o que é essa coisa qualquer, de onde ela vem e o que fazer com ela?" pareceria então bastante legítima.

EVIDÊNCIAS COMUNS

As máquinas concretas, sejam elas a *"com."*, a paisagem ou a arte, têm em comum o fato de parecerem evidentes. Ei-las, elas existem, por assim dizer, em carne e osso. Evidentes, visíveis, saltando à vista. Mas, contrariamente ao que se poderia pensar, elas geram uma massa de discursos, opiniões e atitudes extraordinariamente confusos, e a evidência de sua presença não acarreta um juízo evidente sobre suas qualidades, funções e *status*. Ao contrário, tudo ocorre como se, quanto maior for o lugar ocupado por essas máquinas no meio sociopolítico, mais a percepção que se pode ter delas se tornará caótica. Sua evidência favorece uma espécie de preguiça e produz aquilo a que chamamos uma *doxa vulgar*, amontoado de "dizem" e desordem de argumentos.

Nesse caos, entretanto, uma constante se desenha: essas *máquinas por evidência* se estruturam em torno de alguns traços comuns; reencontramos em cada uma delas uma espécie de estado primeiro de inocência (conversar com meu vizinho, captar e reproduzir o que está diante de mim, tentar arranjar de acordo com minha conveniência o que me cerca), cujos aspectos se endurecem num segundo momento no que diz respeito à moral e aos deveres: é preciso venerar as "grandes" obras e os grandes artistas (estrelização), é preciso comunicar-se com todo o mundo (transparência obrigatória), é preciso cuidar da paisagem (ecoplanetarismo e *land care*). Entretanto, essa moral, afinal bastante vaga, depara-se com imperativos de ordem econômica e política que, por sua vez, impõem o exato oposto...

Sobre a máquina *"com."*, por exemplo, pode-se dizer e pensar tudo e seu contrário: os objetos técnicos que lhe estão vinculados, embora freneticamente utilizados e com prazer, são vistos, ao mesmo tempo, como viciantes, perversos ou até diabólicos por certo número de "responsáveis" – pais, educadores e médicos. Um organismo específico tende a reprimir os excessos da máquina, como a transmissão e divulgação dos dados privados. Num mesmo movimento, ama-se e reprova-se, prescreve-se e proscreve-se a mesma ferramenta.

O mesmo ocorre com a máquina-paisagem: admirada, amada porque é natural, vê-se, entretanto, a *paisagem* como uma empresa e o resultado de uma indústria ciosa de lucros, a tal ponto que uma economia dos recursos naturais luta permanentemente contra sua exploração em proveito de um "bem público" bastante mal definido; o contemplativo e o gosto pela natureza não têm, ao que parece, senão pouca voz quando se trata de petróleo...

Esses pontos de vista contrários e contrariados são pouca coisa, entretanto, se comparados às antinomias que *a arte e suas obras* suscitam.

Com efeito, se natureza e comunicação têm a seu favor a força de uma necessidade vital que prevalece sobre as chicanas e acaba por afogar os enfrentamentos numa confusa tepidez, a arte e as questões que ela suscita parecem vir como suplemento, como um ornamento que de necessário tem apenas o lugar que lhe é atribuído. O campo está então livre para todas as opiniões, e o adágio "gosto não se discute" adquire a aparência de princípio. Enquanto, esforçando-se ao máximo, livre de qualquer necessidade, desprendida do necessário, a avaliação de suas produções não tem outro critério além do gosto do mais forte.

Aqui, a *doxa* errante e caótica é todo-poderosa, e é difícil encontrar um ponto de vista de que os elementos dispersos se poderiam organizar, a não ser que se force a argumentação e se fabrique uma estrutura artificial para fazer com que eles se mantenham em boa ordem, numa boa e bela máquina (nessa ordem de ideias, a máquina-Hegel é soberbamente arranjada![1]).

Em contrapartida, os dois outros conjuntos concretos que são a "*com.*" e a paisagem podem fornecer elementos de compreensão, por sua proximidade ao mecanismo da arte.

---

1. Os diferentes momentos históricos que se sucedem estão acompanhados dos momentos de uma produtividade artística específica, e é o conjunto dessa marcha do espírito rumo à sua forma absoluta que a filosofia estética "pensa": das formas arquitetônicas primitivas e grosseiras até a divina poesia aérea e a música imaterial, um impulso de espiritualidade constante encaminha as artes rumo ao seu objetivo final.

Encontra-se, assim, uma versão *teológica* que sacraliza artistas e obra, assim como a paisagem santifica a Natureza, e uma versão *institucional* que regulamenta o exercício da arte tanto no plano teórico quanto no prático, e lhe atribui *status* e funções, assim como acontece também com o devir ambiental da paisagem. Outro ponto comum à máquina-paisagem e à máquina da arte: a arte parece construir para si um território cada vez mais extenso, abrangente, mas no qual ela perde pouco a pouco, ou já perdeu, seu princípio de autonomia em proveito do conceito tapa-buraco de "cultura". Cultura que engole desordenadamente, e sem distinção de gênero – música, *street art*, dança, *design*, pintura, costura, culinária, arte floral, decoração, arquitetura etc. (podem-se acrescentar outros *ad libitum*). Cultura que não distingue os juízos – os da história, das pesquisas de opinião, dos críticos ou do público – nem as hierarquias estabelecidas (artes maiores/artes menores) numa mistura que remete ao multidisciplinar, arranjos híbridos fortemente marcados pelas inovações tecnológicas: a *arte multimídia* está para a arte assim como o meio ambiente está para a paisagem: uma extensão, um acréscimo que se torna o essencial.

Quanto à máquina *"com."*, ela permite compreender como, por sua extensão a partir da *doxa*, pode entrar com brilho no delicado jogo de papéis mantido por obras, artistas, *marchands*, críticos e público, e regulado pelo jogo dos reconhecimentos e das cotações. Sob a forma primitiva de *doxa* ou mais elaborada de *mídia*, a comunicação é atualmente a grande mestre de obras das obras, e é a ela que devemos o aspecto "cultura" que cerca o exercício da arte e lhe dissolve as antigas características.

Assim, os traços dessas três máquinas concretas se esclarecem mutuamente, interpenetrando-se e reforçando-se uns aos outros: eles formam então uma grade de leitura possível para a pluralidade espinhosa da máquina-arte. Mais do que isso, a arte parece ser seu lugar de encontro ideal, o ponto de fuga de suas vias paralelas, sempre acolhendo o que as máquinas paisagem-meio ambiente e "*com.*" deixariam de lado. De algum modo, reciclando-as.

Dois traços particularmente acentuados dessa máquina podem explicar sua generosa "acolhida": uma sacralização que afeta tudo o que ela produz e a institucionalização laica dessa sacralização.

A arte, o sagrado

Se as lendas dos nascimentos da arte estão sempre presentes nos livros, e por vezes em nossas memórias – quer elas digam respeito à música e ao canto, às artes plásticas ou à tragédia –, elas são geralmente consideradas como relatos agradáveis sem grande repercussão na atualidade das práticas.

Esquecimento ou ignorância estão, no entanto, longe de ser tão completos quanto se pensa. A arte, quando é evocada hoje, não carece de pano de fundo lendário, eco longínquo do qual não nos livramos tão facilmente e que continua a matizar nossa apreensão das obras de arte com um sentimento quase religioso. Como se perpetua esse sentimento, a despeito de uma laicização atestada (pelo menos, no Ocidente, nos países europeus)? Tratar-se-ia do último baluarte da religião, em que o sentimento do sagrado pode não somente ser tolerado, mas exigido? E em que incide tal santificação? No artista, em sua produção, ou no processo que impele o artista a produzir obras?

Parece realmente que os gregos, mais sutis do que nós, reconheceram que apenas o *daimon* – um delírio poético – poderia ser de origem divina. É esse *daimon* que é evocado por Sócrates[2] e que inspira o poeta, o pintor, o escultor e, por vezes, o filósofo. Sendo assim, nenhuma sacralização vem coroar a obra produzida pelo impulso místico, mas ele deixa, antes, um vestígio luminoso no pensamento, a lembrança frágil de um momento privilegiado no qual o divino interveio, pois esse *daimon*, surgido num delírio momentâneo, logo escapa, efêmero, evanescente.

Para que subsista e germine seu grão de loucura, não é preciso abastecê-lo com certa dose de labor? A esse demônio não seria necessário um pouco de peso, alguma orientação e enquadrá-lo num sábio argumentário (como faz Sócrates), ou tentar gravar sua marca na pedra? Para isso, é

2. Platão, *Fedro*, 245b, *O banquete*, 202. Aristóteles, por sua vez, evoca uma espécie de vento que se apodera de certos indivíduos quando sua constituição natural os predispõe à melancolia. Sua bílis é negra e, ao aquecer-se, produz quer a loucura, quer o entusiasmo, como no caso das Sibilas, Bacis e todos os que são inspirados, isto é, que têm um deus em si: *entheoi*. Aqui, é a natureza corporal que é causa e, em certo sentido, princípio do sagrado. *Problemata*, XXX, 1, 954a, 35.

preciso ordenar o seu exercício, limitar os seus excessos, em suma, fazer dele um objeto de aprendizado e de educação.

É o que empreende a religião cristã: indica uma via para a expressão do divino que inverte os lugares e as funções da obra e do autor. Redistribuindo os papéis, privilegiando a obra, ela garante a perenidade do caráter sagrado da arte.

As pinturas da Idade Média ocidental e as do *Quattrocento* italiano têm, com efeito, o privilégio de representar Cristo e Deus pai com o Espírito santo, assim como cenas do Antigo e do Novo Testamento e da vida dos santos: anunciações, crucificações, batismos de Cristo, mártires, fugas no Egito, temas de grandes pinturas religiosas que podemos ver nos muros das igrejas; ora, essas obras são duplamente sagradas: por seu *lugar* de exposição, a igreja ou casa de Deus, e por seus *temas*, todos religiosos. Essas obras inspiram respeito, veneração e, por vezes, fervor, tanto em razão de seu *conteúdo* quanto de sua *situação*.

Entretanto, o processo que as estabeleceu e garante o seu caráter sagrado não é suave para seus autores: arquitetos, pintores e escultores são submetidos à encomenda, com todo o rigor de suas mínimas precisões – formatos, cores, organização e disposição das figuras são impostos pelo ou pelos comanditários.

Eis uma disposição inversa à dos antigos gregos, e que não está, de modo algum, na continuidade do impulso espontâneo, sem constrangimento, do *daimon* inspirador, mas direciona a atenção para o trabalho necessitado pela obra, submetida a constrangimento; por essa razão, a educação não exclui o impulso criador – espécie de *daimon* cristianizado que ela associa à fé – construindo assim um casal tanto mais durável quanto ele une contrários: a inspiração vinda do divino e o trabalho humano.

Figura e estrelização

Ora, o estado primeiro de neutralidade e de inocência desse *daimon*, já se tornando mais pesado pelo desejo de ordená-lo, corrompe-se pouco a pouco para acabar endurecendo-se numa forma abstrata e contínua; o que era "dádiva" imprevisível, aleatória (ela pode acontecer, "caber" a qualquer indivíduo), torna-se um atributo imposto da *figura do artista*.

Já havíamos encontrado esse deslocamento no início de nossa investigação, entre fragmentos dos primeiros sábios e arranjos estáveis dos filósofos do conhecimento; ele se repete aqui sob a forma *sobrevisível* de uma *estrelização.*

Com efeito, assim como é necessário perenizar o impulso criador educando-o, também é preciso conferir um *status* a essa forma de produção. *Status* que deve seu poder a uma imagem mental compartilhada. A estrelização não é simples fenômeno de moda, uma questão de *celebridade* – como se poderia pensar –, mas a maneira de manter na atividade artística seu caráter sagrado, uma área de autonomia em relação às atividades ordinárias. A estrelização estabiliza, alimenta e cultiva uma imagem de exceção. Sob o nome de estrelas, astros ou gênios, os artistas são levados às nuvens, e sua estrelização serve para manter o mito do *gênio* (ou *daimon*), no entanto muito distante, e para manter o conjunto da arte à parte, isolado numa bolha, por vezes chamada *aura*, como eco retardado do divino.

Essa imagem é uma ilusão consentida, como mostram Kris e Kurz em sua bela análise[3]. Ela tem o poder de estabelecer-se como evidência para a opinião comum, sob um rótulo comum que constitui a "figura do artista"; figura que abrange, ao mesmo tempo, o autor (chamado "artista"), a obra (seu produto), o processo de fabricação e o que vem junto, isto é, os lugares de intercâmbios, como *marchands*, museus e galerias. O conjunto, bem amarrado, é a parte emergida do continente "Arte", a que é visível para o público, a que é estrelizada.

Assim como acontece com a máquina-paisagem, cujos avatares nós seguimos, a máquina da arte, embora esteja praticamente estabilizada na opinião, empreende o lento trabalho de extensão de seu campo e, consequentemente, de sua dissolução.

Essa é uma mudança de importância, ocasionada pelo nascimento de um pensamento e de um Estado laicos. Pensamento e regime que, paradoxalmente, preservam na obra de arte seu caráter religioso e, mais do que isso, sacralizam o conjunto: artistas, obras, lugares de exposição e séquito, então superexpostos, contribuem para um enriquecimento ostensível.

---

3. Ernst Kris, Otto Kurz, *L'image de l'artiste*, Rivages, 1988.

Uma virada laica

As máquinas concretas tendem, cada uma delas, a ganhar terreno fora de seu campo de ação, a aumentar-se o tanto quanto podem. Muito mais do que isso, nenhuma pode viver sem o crescimento contínuo de seu território; cada uma se alimenta de uma colonização perpétua. Única condição para essa expansão: mudar a roupagem, adotar outras linguagens, sem renunciar, todavia, aos princípios que a animam. Não é, com efeito, a menor das curiosidades das máquinas concretas essa disposição a se reatualizar quase automaticamente segundo as circunstâncias.

Assim, é preciso entender essa virada laica da arte como uma mudança nos dispositivos concretos, materiais – os lugares onde as obras se expõem e os temas que elas abordam –, sem, entretanto, que essa mudança afete o princípio essencial: o da santificação. Duplo movimento contrário: procurando a ruptura – com a mudança de dispositivos – e, no entanto, mantendo-se contínuo em seu funcionamento.

O poder em majestade

As personagens divinas exercem um poder inconteste; Deus todo-poderoso é sua quintessência, e sua representação – uma imagem – pode encarnar-se em diversas figuras: a Santíssima Trindade, os anjos, os santos; esse poder, que remete, ao mesmo tempo, à dádiva absoluta (sem origem e sem fim) e à tradição (por herança), a imagem o traduz e é, por sua vez, dele investida. Por certo, os príncipes, os imperadores, os dominantes, os governantes não são divinos, mas são as figuras do poder e, por essa razão, sagrados. Por extensão, todo comanditário – banqueiro, bispo, homem de armas e fidalgo – detém um poder e pode, pois, entrar na galeria dos temas representados. O comanditário parece estar na origem dessa mudança de temas a serem pintados.

Mas, em retrospecto, não seria a inelutável expansão da máquina da arte responsável por isso? A máquina-arte visa a novos territórios, os antigos estão esgotados; são necessários novos assuntos, novos lugares: o divino está saturado, a alta sociedade ameaçando seguir o mesmo caminho, o casal burguês, o doméstico, o familiar, o comum não devem ser desdenhados. Os temas a serem representados se multiplicam e se familiarizam. O próprio artista pode-se ver como comanditário de sua própria imagem, e seu autorretrato se junta à série das representações do poder em majestade. Quanto aos locais de exposição, o mesmo acontece; fora das igrejas, conventos, capelas ou abadias, a máquina avança em espaços laicos: castelos, palácios, museus, coleções privadas, galerias.

A arte no cotidiano

A avidez da máquina não se detém por aqui, ela prossegue em seu trajeto rumo ao campo íntimo, individual, dos gestos cotidianos, que ela anexa. Todos e cada um têm uma parte desse poder de fazer e de fazer existir que a arte, em seus primórdios, reconhecia no divino. Ninguém e nenhum tema estão excluídos desse campo[4].

Consequência dessa cotidianidade revisitada: os protagonistas das atividades artísticas entram por inteiro na esfera da criatividade. Conservadores, colecionadores, galeristas, diretores de centros culturais, curadores e também críticos de arte, comentadores e intérpretes, na medida em que são *condições do funcionamento da máquina*, pertencem de pleno direito ao mundo da arte.

O que prevalece então não é mais nem as obras, nem seus autores tradicionais (os artistas), mas o conjunto daqueles que fazem funcionar a máquina, e, entre eles, aqueles que estão "nos negócios", isto é, no poder em todos os níveis de importância, do editor ou galerista ao conservador e ao ministro. O importante é que essa máquina funcione. O autor, na realidade, é a autoridade. Dele dependem o prestígio nacional e a riqueza.

Ora, o movimento contemporâneo rumo ao mínimo, ao banal, ao vazio ou ao nada, essas coisas de pouca importância antigamente deixadas de lado, não satisfaz de modo algum essa máquina expansionista. É imperativo que o conjunto discordante produzido sob o rótulo de arte, e seja qual for sua forma, mantenha uma reserva de sentido, uma "aura", algo de sagrado.

---

4. Para perceber a emergência do cotidiano como objeto de um pensamento do político e do social, e de uma estética da vida cotidiana, é preciso reler Henri Lefebvre e Michel de Certeau, curiosamente quase ausentes das últimas obras publicadas sobre esse assunto. Barbara Formis, *Esthétique de la vie ordinaire*, PUF, "Lignes d'art", 2010.

PARADOXO DA DISTÂNCIA

Esse sagrado, na ausência de uma crença religiosa, encontra-se um tanto enfraquecido; guarda de suas antigas prerrogativas apenas uma de suas características, mas ela é suficiente para sua sobrevida: a distância que a obra de arte, seu processo de produção ou ainda seu vestígio ou seu reflexo estabelece em relação ao cotidiano, ao doméstico. Ora, como manter essa distância, sinônimo do sagrado, quando a crença no sagrado mais ou menos desapareceu?

A *estrelização* dos atores é uma resposta à pergunta. A estrela não é qualquer um, ela paira acima dos espectadores *ordinários*[1] e acima daqueles que fazem funcionar a máquina e contribuem para sua estrelização. A distância é manifesta, tem algo de feérico, de sobrenatural. O culto às estrelas não precisa mais ser descrito, é um fenômeno hoje banal, que arrasta em seu movimento muito mais indivíduos do que se pensa, não somente jovens fãs em busca de

1. No original, *lambda*. [N.T.]

autógrafos ou *selfies*, mas também leitores de revistas, fabricantes de moda e todos os amantes de nomes, colecionadores de autógrafos. Envolvidos no mesmo culto.

A distância assim aberta é ela mesma assegurada pelo *dinheiro*. O dinheiro cria o abismo entre o indivíduo comum e a obra que – impelida no mercado – é demasiado cara para ele: muito "acima dos meus meios", como se diz. É o dinheiro, a partir de então, acompanhado de seu dublê, a estrela, que mantém o sagrado na máquina. Não que o dinheiro seja considerado sagrado em si mesmo, e sim pelo que ele significa: zona protegida, fronteira incontornável, respeito, distância.

Um mecanismo astucioso – ou mesmo artificioso – se instaura. O que custa caro se torna verdadeira arte, entra no panteão das belas-artes. Ora, o que custa para a máquina da arte atual não é nem a raridade do talento, nem o esforço do trabalho bem feito, mas o preço da cotação do artista e da obra no mercado, o número de itens vendidos – discos, livros, exposições – e a presença nas feiras internacionais.

Os acasos da *street art* fornecem um exemplo típico da mudança de perspectiva da distância.

Uma distância renegociada

Os grafites, inicialmente odiados, tratados como "sujeira[2]", considerados uma degradação, um vandalismo "per-

2. Ainda hoje, nas palavras cruzadas, a definição para "grafites" [N.T.: em francês, emprega-se coloquialmente a palavra inglesa *tags*] é: "sujeiras urbanas".

petrado" por inimigos do bem comum, marginais sem fé nem lei e ainda menos respeito, cujos autores, anônimos "pegos em flagrante", perseguidos e frequentemente detidos pela polícia, veem-se recuperados pela máquina da arte, em seu movimento de emancipação – ou de colonização – rumo à não arte, ao cotidiano, ao ínfimo, ao resíduo, a *bad painting*, ao resto. Em suma, reciclados.

A conversão desses resíduos em objetos de valor, sua consideração enquanto patrimônio artístico urbano não é um feito dos próprios autores, mas da máquina da arte como um todo, que se utiliza do argumento da liberdade de expressão para sacralizar aquilo cuja produção ela não pode impedir.

Em São Paulo, o movimento dos pixadores foi, em parte, "reciclado" pelo governo que, hoje, os subvenciona após um período em que eles conheceram desgraças de todas as espécies – até o encarceramento. Sua entrada no "mundo tradicional" da arte foi amplamente festejada; após sua entrada estrondosa, em sentido estrito – por arrombamento na Bienal de 2008, no Museu Belas Artes de São Paulo[3] –, a mídia os impulsionou imediatamente no mercado e a opinião os apoiou com críticas favoráveis na imprensa[4,5].

3. Cinquenta pixadores tinham invadido o museu em julho de 2008 para protestar contra a institucionalização da arte [N.T.: a invasão na Bienal ocorreu em outubro de 2008, no Pavilhão Ciccillo Matarazzo do Parque do Ibirapuera; antes disso, em junho do mesmo ano, uma ação de pixadores foi organizada no Centro Universitário Belas Artes].

4. Ver o livro de François Chastanet, *Pixação: São Paulo Signature*, XG Press, 2007.

5. No Brasil, separa-se grafite de pixação (ou o "pixo"), sendo o primeiro, via de regra, considerado arte, enquanto o segundo ainda é objeto de estudo e de

Uma experiência urbana – próxima, ao mesmo tempo, por seu projeto "rebelde" e por seu desenrolar – foi a de um artista solitário, Étienne Boulanger[6]. Ele experimenta, destruindo-os e reconstruindo-os, espaços interiores: um hangar, em seguida o apartamento em que vive, para finalmente voltar-se para a cidade. Berlim se torna seu campo de manobras; ele descobre e faz reviver espaços intersticiais: uma falha entre dois painéis publicitários, um magro intervalo entre dois muros; ele se instala – ou melhor, ocupa provisoriamente – esses espaços extremamente restritos; neles, mal nos podemos manter em pé e não podemos subsistir senão no limite do suportável. Esses espaços desprezados, "restos" e resíduos da cidade, são repertoriados. Ele faz deles um mapa, que se altera ao longo dos deslocamentos e da reconstrução de Berlim após a queda do muro. Finalmente, ele instala seu *single room hotel*: entre oito painéis de publicidade que deixam uma superfície livre de 32 m² no solo, Boulanger constrói um andar (cujo acesso se dá por escada móvel), onde um quarto inteiramente equipado com o conforto moderno se oferece aos clientes de passagem, que podem alugá-lo. Tornando-se essa *performance*

certa forma questionado. A participação dos pixadores na Bienal foi bastante polêmica tanto por parte de público quanto de imprensa, e, se bem que estimulou o debate sobre esta forma de expressão, não contribuiu significativamente para sua desmarginalização. O grafite, por um período, foi bem aceito e até eventualmente subvencionado pelo governo de São Paulo, porém voltou a ser desencorajado. À época desta edição, a cidade apenas concedia a utilização de certos espaços aos grafiteiros mediante a anuência dos proprietários, em caso de propriedade privada, ou das autarquias públicas, em caso de patrimônio público. [N.E.]

6. A companheira de Boulanger, Katia Gagnard, descreveu e publicou o percurso de seu amigo no artigo "À l'intérieur de la Ville", em Manola Antonioli, Vincent Jacques e Alain Milon (dir.), *Paysages variations*, éd. Loco, 2015, p. 117-130.

conhecida, os clientes afluem, e, automaticamente, a "*com.*" faz o resto.

E a aventura continua em Nova York, com a concepção do *love hotel* [motel] concebido a partir do mesmo princípio. Embora a tentativa de Boulanger denuncie a gestão sórdida do espaço urbano e as condições miseráveis dos excluídos – sejam eles pobres e desempregados ou obcecados sexuais (os clientes dos *love hotels*) –, a máquina da arte recicla a crítica social como sucesso artístico, como fez com os *pixadores*.

Vê-se como, nesses assuntos, funcionam conjuntamente as duas máquinas irmãs, "arte" e "*com.*". Fenômenos concomitantes, ou melhor, de causalidade recíproca. Se alguns dentre os *pixadores* se mantêm fora desse mercado, eles são, todavia, nostálgicos dos tempos heroicos em que a polícia os perseguia, pois, agora, a cidade lhes concede a livre utilização de certos espaços outrora dedicados à publicidade[7]. Eles permanecem ambivalentes, parcialmente rebeldes, parcialmente preocupados em legitimar suas práticas.

Se a expressão urbana dessas reivindicações e da rebelião é representada por esses grafiteiros, existem outros "restos" que a máquina da arte também abandonara e que

7. Sergio Franco, sociólogo do urbano, contribuiu muito para legitimar a pixação como expressão urbana, multiplicando as ações, ao mesmo tempo que os colóquios, intervenções e conferências em estreita conexão com um grupo de pixadores. Vários destes construíram uma carreira artística e atuaram tanto na América (do Norte e do Sul) quanto na Europa, onde, aliás, são representados, principalmente em Londres. Walter Namura (Tinho) é um desses grafiteiros que, sem perder nada de seu tom de protesto, exibe algumas de suas obras em galerias contemporâneas.

ela recoloca atualmente em atividade, como, por exemplo, as obras da *arte bruta*. Essa chamada arte "bruta" é – ao contrário da prática externa dos grafiteiros – a expressão nua de um afastamento, de um enclausuramento. O trabalho dos pixadores, alardeado, explodindo nas paredes à vista de todos e quase que ofuscante de realismo, é o contrário do trabalho ofuscado da arte bruta. Mantido na obscuridade da instituição psiquiátrica, na quase inconsciência daqueles que a praticam e no desconhecimento daqueles que sequer a veem, o trabalho do alienado é imostrável. Fechado em si mesmo, mudo, ainda parcialmente enterrado no corpo doente, ele tem algo de inconveniente, do qual é difícil falar. Primeiramente, por decência e respeito pelo sofrimento do outro, e também porque o artista é então realmente o outro, aquele que é afastado e temido, a face sombria do *daimon*, aquela que não se pode nomear "para não o entristecer"[8]; esse *daimon* não possui nome, assim como não têm nome aqueles que são por ele atravessados; ora, o anonimato é sempre um obstáculo para a máquina: grupos, clubes e bandos frequentemente se serviram de um nome coletivo para opor-se à estrelização. A assinatura ("é uma assinatura!") é um elemento essencial do distanciamento, essencial para a cotação. Sem assinatura, sem nome, como reconhecer a legitimidade e o valor de uma

8. "Ó, morte, como te inveja alguém que não posso nomear para não entristecê-lo." É com delicadeza que Supervielle se aproxima da morte, de seu próprio desejo, desse lado sombrio do qual ele sabe apenas que não se deve entristecê-lo; semelhante deferência anima alguns (pouco numerosos) daqueles que apresentam essa arte *alienígena*, essa outra arte.

prática particular? A máquina da arte se alimenta principalmente de nomes.

Assinaturas anônimas

Como essa prática não pode invocar assinaturas e, por isso mesmo, fazer de seus atores estrelas, a distância que faria a arte bruta entrar na corte dos grandes e a tornaria digna de integrar uma história da arte deve encontrar-se alhures. Privada de nomes, a arte bruta é também privada de história da arte (visto que as duas coisas caminham juntas). Esse "alhures" em que se poderia encontrar a distância adequada à existência dessa outra arte, ao mesmo tempo que um lugar próprio na história, é um espaço indeterminado que circunda a atividade e o campo artísticos como sua sombra projetada, e no qual se tecem laços complexos entre polos contrários: assinaturas-anônimas como as dos pixadores, intenções-involuntárias e derrisão-trágica entre os artistas da outra arte. O paradoxo e a ambivalência são as marcas dos objetos que vivem (mais do que residem e o ocupam) nesse espaço híbrido, e são também paradoxo e ambivalência o que sentem os espectadores e comentadores. Num livro-catálogo publicado pelo LaM[9] em 2014 com o título *L'autre de l'art* [O outro da arte], a ênfase é dada a esses "anônimos" singulares que foram tardia e dificilmente reconhecidos como autores (quando não como

9. Lille Métropole Musée d'Art Moderne, d'Art Contemporain et d'Art Brut. [N.T.]

artistas). Amadores, frequentemente médicos – colecionadores, como especifica Claude Margat no artigo que ela dedica ao "Museu dos horrores de Georges Courteline"[10] –, foram os primeiros a manifestar interesse por essa prática obscura. Em seguida, intelectuais, artistas, poetas e escritores seguiram o seu exemplo[11].

As obras da "outra arte" são comparáveis, nesse aspecto, às da arte primeira, e o debate que se trava a seu respeito reitera as mesmas perguntas: seus autores sabiam que "faziam arte"? Não somos nós mesmos que mostramos esses objetos sem nome como "obras"? Afinal, trata-se, sim ou não, de arte?

Essa questão, recorrente, mostra a que ponto a distância é difícil de encontrar e de qualificar. A resposta é hesitante, particularmente quando a alteridade é demasiado grande (é o caso da arte bruta) para ser apagada com uma rodada de reciclagem, ou quando, uma vez as obras entronizadas no mundo da arte e a distância assegurada, a operação de distanciamento mata o que fazia a alteridade do objeto (é o caso dos grafiteiros).

---

10. O artigo de Claude Margat analisa os primeiros sinais da saída da sombra em que esses "anônimos" haviam sido mantidos, sombra "horrível" que essa evidenciação, como tal, contribuiu paradoxalmente para entronizar no mundo da arte. Esse reverso da arte, esse duplo que fascina e apavora, finalmente obteve um semirreconhecimento.

11. A exposição *Banditi dell'arte* foi organizada na Halle Saint-Pierre, em 2012. Seu curador, Gustavo Giacosa, assinala com o termo *banditi* (ser banido, permanecer à margem) a exclusão em que são mantidos autores e obras dessa outra arte. Várias manifestações – outras exposições, galerias dedicadas à arte bruta, coleções, números de revistas – lhes são agora dedicadas; é o caso do catálogo do LaM, *Aloïse Corbaz en constellation* (2015), que reúne, em 202 páginas, um grande número de assinaturas. Sua notoriedade é, entretanto, ainda discutida, pois a arte dos outros, uma arte *alien*ígena, provoca debates, incompreensões e mal-entendidos.

Seria a distância – indispensável para que haja arte mais do que nada – mais bem-vinda e mais assegurada quando provém da história da arte?

Seria a arte a sua própria história?

Tradicionalmente, a arte é percebida (e ensinada) a partir de sua história: artistas e obras, movimentos artísticos que reúnem os estilos e monografias. A partir do modelo das histórias da filosofia das ciências ou da literatura. Ora, os próprios historiadores perceberam que as classificações cronológicas das *obras* geralmente não coincidem com as distinções, elas também cronológicas, dos *movimentos* artísticos; tampouco são estáveis as distinções de gêneros. No que diz respeito à arte plástica, as pinturas de paisagem usam retratos como pretexto, naturezas mortas frequentam os retratos, o relevo intervém no plano. O misto, o híbrido, o *ready-made* "arranjado" ou a bricolagem acrescentam confusão à indiscrição existente. E, embora procuremos lexicalizar com alguns "neo" ou "pós", sempre há algum "neo-pós" ou "pós-neo-pós" dos quais não sabemos o que fazer, e nomes compostos que tentam, sem sucesso, transformar em uno o que é compósito[12].

Esses obstáculos, que os historiadores se esforçam em contornar para ordenar conjuntamente obras de acordo com

12. Em *Modernité modernité* (Verdier, 1988), Henri Meschonnic desmonta com muita acuidade o discurso – ou a teoria – pós-moderna e seus derivados, e aponta suas contradições em seus adeptos (e inventores), assim como em seus detratores.

um plano coerente, tornam-se praticamente incontornáveis com a expansão da máquina-arte que avança rumo à territorialização artística do ínfimo, do banal e do nada e que, paralelamente, apaga a personalidade dos artistas e das obras em proveito de mecanismos de comunicação e de valorizações reguladas pelo mercado.

O historiador da arte é então uma espécie de funâmbulo: ele deve-se deslocar com uma habilidade extrema, acauteladamente, de interpretações em interpretações; nem crítico de arte, nem escritor e comentador, nem prefaciador de catálogos, nem biógrafo, sua maromba é uma metodologia de historiador rigorosa, informada e precisa, sem, entretanto, que ele se atribua o direito de julgar, hierarquizar ou classificar[13].

Se o exercício da história da arte é tão difícil, é porque a máquina-arte não se contenta em gerir obras já produzidas, ou mesmo em processo de produção; ela estende suas pretensões e se torna manifesta muito além da esfera que conhecemos pelo nome de "mundo da arte". Assim, não podemos definir a máquina-arte unicamente pelas obras. Em torno da obra propriamente dita, situam-se seus *parerga*[14], seu círculo, seus quadros – materiais e conceituais –, suas condições de possibilidade, sua recepção, seu público.

---

13. Programa, ou melhor, intento que foi o de Daniel Arasse, que o seguiu com uma retidão e uma felicidade inigualadas.

14. Palavra grega que designa os adendos, os elementos acrescentados a uma obra. [N.T.]

A arte é seu próprio meio ambiente[15, 16]

A máquina da arte ensinou a tratar as obras e seus restos, ela sabe perfeitamente digerir o que parece estar mais distante do tradicional e o que, durante muito tempo, ela mesma excluiu. O mais anódino dos gestos pode ser santuarizado como "arte ordinária", o mais "horrível" também. Assim, ela não tem mais nada a fazer com as obras propriamente ditas nem com seus restos; o trabalho se realiza sozinho, automaticamente. É o contexto que a interessa, é ele que ela procura seduzir para anexá-lo. Pois é nisso que reside o poder de mostrar, de fazer ver e ouvir: a exposição é um elemento determinante na vida das artes. Até mesmo a ponto de a "Arte" poder ser muito bem definida como "uma história de exposições", como indica Jerôme

---

15. Em *Un art contextuel* (Flammarion, 2002), Paul Ardenne apresenta e analisa as intervenções de artistas contemporâneos no meio urbano e suas experiências no e sobre o contexto em que vivem. Fruto de uma rejeição da arte enclausurada em seus rituais tradicionais, essa exteriorização visa a reencontrar a realidade sociopolítica, experimentando-a no momento imediato. Exteriorização e transposição para o real cujas ilustrações são, em grande número, fornecidas pelo autor. Embora se trate de uma mesma atividade de exteriorização, nossas análises diferem: para o historiador e crítico de arte que é Paul Ardenne, há intenção (e inovação) por parte dos artistas contemporâneos de ir rumo ao exterior, de envolver-se e de imergir no meio e desejo de desvincular obras e instituições, e isso de maneira deliberada, pontual e muito frequentemente argumentada. Se a constatação dessa expansão para o exterior é a mesma em minha investigação, trata-se, de minha parte, de um "efeito-máquina", isto é, de um impulso da máquina rumo a uma colonização de novos territórios, mais do que de uma fuga dos artistas para fora do convencional.

16. Jérôme Glicenstein, *L'art: une histoire d'expositions*, PUF, "Lignes d'art", 2009. A obra detalha todos os defensores e participantes dessa arte da exposição que, como uma retórica, é constituída de "lugares" ou *topoi* e de figuras de estilo. Retórica à qual o autor dedicou uma segunda obra: *L'art contemporain entre les lignes*, PUF, 2013.

Glicenstein. Essa formulação e a análise que a acompanha têm o interesse de enfatizar o aspecto pragmático, concreto, de tal máquina e simultaneamente de abrir espaço para a história: não é mais a história improvável das obras e dos artistas, mas a de operações que possuem data e local, das quais existem arquivos, que deixaram vestígios e que podemos acompanhar em suas sucessões, seus desvios, seus sucessos e seus fracassos. Em resumo, uma história de batalhas. Na qual se pode dizer quem perdeu e quem venceu, sendo que vitória ou derrota se avaliam, nesse caso, a partir da frequentação do público e dos julgamentos dos críticos. Um aspecto da arte que se relaciona com técnicas de *mise-en-scène* (cenografia), com uma reflexão sobre o lugar adequado e o tempo adequado, a pertinência dos títulos. Há uma "arte da exposição" que é julgada, criticada e avaliada em si mesma. Uma "arte" de outro tipo envolve a arte, e é preciso reconhecer nela a marca de uma máquina irmã, a da "*com.*".

"Roma não está mais em Roma"

O adágio de Corneille[17] se aplica assaz bem a uma Arte que não está mais onde estava há pouco, mas que se estabelece em seus exteriores, seus arredores – aquilo a que chamo seu meio ambiente –, e que compreende tudo o que se refere à exposição e que também a ultrapassa. As

---

17. Na tragédia de Pierre Corneille, *Sertorius, ou como derrotar Roma*, senão levando-a consigo, mais longe, alhures.

desafixações-fixações são operações importantes, tanto quanto a compra (e a exposição) das pinturas empregadas ou a serem empregadas, as telas, suas molduras, as críticas, os recortes de imprensa que também se podem expor, os comentários de visitantes que também se podem registrar e retransmitir[18]... Os críticos tanto o sabem que julgam a exposição e seu curador tanto quanto o que é exposto, e, por vezes, até mais.

Os artistas são os primeiros a lançar essa desapropriação da arte pela arte com a ironia pragmatista que anima as máquinas concretas e que já vimos em ação. Galeria vazia, fechada e com peças fantasma, das quais percebemos apenas o vestígio. Jogos com o *décept*[19] e sua recepção, formas e funções do vazio[20].

Eu tenderia a dizer que não se trata somente da invenção do artista e do desejo de se aventurar em terrenos inex-

---

18. Jakob Gautel e Jason Karaïndros praticam muitas dessas operações, muitas vezes simultaneamente sobre um mesmo objeto. Ver o *website* www.jakob.gautel.net. Ver também sua prática de desafixação e a exposição "Plutôt que rien: démontages" [Melhor que nada: desmontagens] em março de 2011, na Maison Populaire de Montreuil: "Quarenta e cinco artistas são convidados a ocupar o local por um dia, cada um sucessivamente, a partir de um protocolo singular que questiona o formato da exposição coletiva à luz das noções de transformação e de fluxo. Artistas, visitantes, curador, teórico, equipe da Maison Populaire encontram-se, assim, envolvidos num movimento de aparição e desaparição das propostas artísticas, de passagens de limiares e de alterações contínuas." Consultar também *La revue d'esthétique*: "Les artistes contemporains et la philosophie", n. 44, 2003; *La nouvelle revue d'esthétique*, "L'(in)actualité de la peinture", n. 7, 2011.

19. Conceito já explorado anteriormente por Anne Cauquelin em outras obras (cf. *Petit traité d'art contemporain*, Seuil, 1996), para abordar a *decepção* como modalidade da recepção estética. Objetos deceptivos contrariam as predefinições do que deveria ser a obra de arte e frustram, com isso, as expectativas da *doxa*, suscitando um questionamento dessas mesmas expectativas. [N.T.]

20. Lembrar-nos-emos aqui das galerias que afixavam em sua fachada "Fechada durante o funcionamento da exposição", e de todos os jogos de esconder/mostrar, de destruições e, em geral, das ações da *arte conceitual*.

plorados, de saltar mais longe ou de ir mais rápido que o último ator. Contrariamente à ideia difundida, a originalidade não é essencial à atividade artística; não se trata de escandalizar[21] nem de provocar conscientemente a decepção do público. Em contrapartida, é essencial preservar uma distância, que faz todo o valor do negócio – tanto em sentido literal quanto no figurado –, e isso seja qual for a maneira como se manifesta essa distância. Ora, cabe menos aos artistas do que à máquina da arte como um todo dedicar-se a isso. É ela que, no fim das contas, se esforça em manter a distância, aconteça o que acontecer.

Astúcias da distância

Um acontecimento recente (um "furo", como indica seu autor)[22] vem acrescentar uma pedra à minha construção. Falei até agora dos excluídos da arte, dos "restos" rejeitados ou ignorados pela máquina, mas há também as rebeliões patenteadas, as recusas, as negações e as ações críticas contra as instituições legítimas. Fred Forest é um artista conhecido por seus debates com o Centro Pompidou, suas posições radicais e suas ações estendidas ao plano internacional através das ferramentas tecnológicas mais recentes. Ora, em 27 de janeiro de 2015, ele anuncia, alto e bom som,

21. Da expressão francesa *"épater le bourgeois"*, isto é, "chocar o burguês". [N.T.]

22. A esse respeito, acessar: <http://www.fredforest.org/book/php/fr/news_fr/show_newsfr.php>.

que haverá, sim, uma retrospectiva de sua obra, "programada para junho de 2017. Interrogado sobre essa virada, ele afirma que, embora [a retrospectiva no Centro Pompidou] seja tardia, trata-se apenas de um justo reconhecimento de seu trabalho, e que ele ainda é [...] um artista sem concessões".

Como interpretar essa "virada"? Será que, como ele diz, os agentes da instituição se tornaram, de repente, mais esclarecidos e compreenderam finalmente o valor de suas experiências, incluindo sua longa revolta contra a instituição, considerada uma obra?

Parece que esse argumento é um pouco tendencioso, e que as proclamações de fé estão levemente deslocadas e são pouco críveis. Em contrapartida, encontraríamos uma explicação plausível para essa falsa virada na velocidade de rotação da máquina.

Em seu expansionismo, a máquina é forçada a ir tão rápido quanto nascem e se tornam obsoletos objetos e ferramentas da atividade artística. Particularmente, a atividade que se revela nas e pelas mídias eletrônicas (que dizem respeito ao que denominamos "arte digital"). Os sociólogos observam que a rapidez de rotação de um ensaio, de um livro ou de um artigo é decuplada pela utilização da rede; quanto maior a facilidade de acesso aos textos, maior sua obsolescência. Quanto mais acessíveis, variados e fáceis os manuseios das diversas ferramentas de comunicação (*Facebook, Twitter* e afins), mais a prática singular e constante de um determinado protocolo perde sua singularidade e se põe a rodopiar ao ritmo de todas as outras pequenas máquinas ativadas pelo primeiro internauta a chegar. A "pequena máquina" de arte de Fred Forest, sufocada entre milhares de outras pequenas máquinas, não é mais eficaz; ela perdeu essa distância essencial para que haja "alguma" arte. F.F., que compreende muito bem as máquinas, o pressentiu e tomou a dianteira: como não se pode superar em velocidade essa impiedosa rotação, é preciso então abandonar esse meio; o museu, a instituição, restabelece a distância que a popularidade do digital anulou.

F.F. foi astucioso com a distância, e a distância foi astuciosa com ele. No fim, ela venceu: impõe-se como uma condição de possibilidade essencial ao desejo de fazer arte. A instituição museal ainda é a melhor garantia de visibilidade. Essa visibilidade que – acreditava-se – era oferecida pela *internet*, em que tudo se expõe e se pode expor, foi turvada pelo excesso: a tela transborda, sua leitura ofusca o leitor, desencaminha o espectador e finalmente proíbe o que prometia a rede: a criatividade na interação.

BREVE, RÍGIDA E PARCIAL CONCLUSÃO

A exclusão

Laicizado, financeirizado, fragmentado, dispersado, familiarizado e, no entanto, hierarquizado, o campo tomado pela máquina da arte mantém, apesar de tudo, em suas redes, uma parte da religiosidade e da sacralização primitivas, sob a forma de uma *distância obrigatória*; distância social; pois apenas uma elite distinta conhece ou, pelo menos, fala a linguagem do pequeno mundo bem protegido da arte, aprecia a obra, possui gosto e tempo para dedicar-se a ela; distância econômica, pois apenas alguns podem pagar o preço dessa distância. Não é uma conclusão fácil de formular, ela choca o sentido da equidade e o desejo de compartilhar; e, com efeito, os restos que essa máquina de arte deixa de lado não são artistas supostamente "malditos", obras não qualificadas ou mal julgadas, ou ainda atividades "sem qualidade", mas os espectadores potenciais para quem o acesso à arte está como que proibido.

Seria, afinal, o público "ordinário" esse resto derradeiro que a máquina da arte produz? Esse resto que uma política da cultura tenta integrar?

Se a exclusão do público parece ser menos sensível no que diz respeito às outras máquinas concretas, como a *paisagem* e a "*com.*", a constatação é, no entanto, a mesma. A realidade dessa distância excludente é somente ocultada pelo apego aos "valores" que supostamente devem sustentá-las (natureza, origem e pureza no caso da paisagem) e pela urgente necessidade de recorrer a elas (usos múltiplos e proliferantes dos instrumentos de comunicação). Essas são evidências que ninguém questiona, mas que trazem consigo seu próprio fardo de imposições e a medida de seus limites. Assim, no caso da paisagem, a máquina deu sua vez aos ambientalistas, que se preocupam mais em construir vias de acesso entre regiões ou cidades, o que destrói a paisagem natural – valor que eles, no entanto, invocam –, e aos ecologistas, que se perguntam como resolver a contradição entre novas obras rodoviárias e diminuição da poluição. A paisagem é, em razão disso, um "resto" deixado muito atrás das preocupações dos peritos do planeta. Outro resto: os paisagistas, que, à luz das gloriosas perspectivas planetárias, aparecem como pobres jardineiros condenados a miseráveis obras locais.

Seja como for, o valor *paisagem* não é questionado, ele somente adquiriu novas cores.

Quanto à "*com.*", sua ética, que parece "ser evidente", sustenta uma comunicação transparente e tão rápida quanto possível, garantia do entendimento dos indivíduos e dos povos, de sua igualdade e do respeito de seus direitos. Sim, mas como escapar dessa moral e de seus efeitos, ou os criticar, sem tomar o mesmo caminho: o da comunicação? O que está excluído então são os comunicantes, perdidos no afluxo das mensagens, balançados entre promessas e vigarices, e não podendo expressar seu desacordo senão pelo mesmo canal que os engana.

O Deus de Feuerbach – aquele que erguemos com nossas próprias mãos para nos tornarmos seus súditos submissos – é da mesma espécie e fabricado da mesma maneira que as máquinas concretas a que estamos submetidos. Velha história do feiticeiro enfeitiçado, do escravo que se tornou senhor etc., o adágio é comum, mas a fórmula permanece pertinente na prática, ainda que as teorias que a desenvolvem e as situações a que ela pode se aplicar sejam diferentes, e que os termos mudem ou desapareçam.

Desgaste dos termos, constância do uso

Assim, as palavras "sistema" e "ideologia", desgastadas, já não apresentam mais do que um sentido bastante vago, e confundem-se frequentemente os dois termos num mesmo sentimento negativo. Ressalvadas, entretanto, algumas nuances: a ideologia é interna ao pensamento, é o próprio pensamento daqueles que a carregam, não crítico, partidário e seguro de si; o sistema, entretanto, é sentido como uma fabricação externa, um complexo industrial de mecanismos imbricados, triturando aqueles que nele se arriscam e feito para produzir algum objeto, seja ele qual for. É uma imposição fria, uma "coisa" que tem suas leis mecânicas e que suportamos mais do que aderimos a ela. Por isso, parece que se pode escapar mais facilmente dos sistemas – que, acredita-se, atingem apenas a superfície exterior dos indivíduos – do que dos valores viciantes que a ideologia carrega em si. Evidentemente, não é o caso.

No que diz respeito à máquina-arte, os movimentos da não arte, da antiarte, a ideia de um fim ou de um declínio da arte tentam negar ou contornar o sistema (nesse caso, o sistema institucional), ou, pelo menos, abandoná-lo, mas nem por isso se trata, para esses rebeldes, de renunciar ao núcleo ideológico da máquina-arte: o distanciamento que faz com que haja arte na própria não arte[1].

Pois os *sistemas* de alto rendimento – o meio ambiente, a "*com.*" e a arte produzem efeitos cada vez mais amplos em territórios cada vez mais extensos – não teriam tal poder sem um forte apego a "valores" comuns: *ideologias* que não revelam seu nome e parecem ser evidentes. Animados por "valores" aceitos e compartilhados, os sistemas se tornam o que designei como "máquinas". Híbridas, essas máquinas funcionam em dois tempos: o tempo do sistema mecânico plural, disruptivo e pontual – e, portanto, falível –, e o tempo dos valores, contínuo, pretensamente infalível e tacitamente renovado *ad vitam*.

---

1. A crítica de Meschonnic em *Modernité modernité* (*op. cit.*) adquire aqui todo seu sentido.

Essas máquinas, nas quais se fundem sistema e ideologia, têm de particular o fato de produzirem restos. O que acontece com esses restos? São transformados e reciclados por suas respectivas máquinas, ou podem viver independentemente, sob outras formas e regimes? A produção de restos é a condição necessária da vida das máquinas? Sem restos, as máquinas morrem?

Muitas perguntas, e respostas ambíguas: menos confiantes do que no passado quanto à invenção do futuro, podemos somente traçar planos sobre um porvir incerto.

Capítulo III

POSSÍVEIS

Uma máquina é quase tão
bela quanto nenhuma máquina.

Piero Manzoni[1]

Após o período das desconstruções de todas as espécies – negações, deslocamentos, *décepts*, desterritorializações, desdefinições (da arte), dissoluções, diferenças, desacordos –, vem o tempo dos "re" – reconstrução, *reenactment*, resiliência, *revival*, retorno, ressonância, reciclagem, restituição...

Muito visíveis no mundo da arte[2], os "re" se manifestam em outros campos: o meio ambiente paisagístico ou urbano; a comunicação, com as comemorações e outras manobras de restituições; o conhecimento, com Memórias e Autoficções.

O que são essas "re"construções senão uma retomada do que permaneceu à margem ou foi abandonado? Uma

1. Piero Manzoni, *Contre rien*, Allia, 2002.

2. A edição n. 79 da revista de Montreal *esse arts + opinions* é dedicada ao *reenactment* com uma introdução brilhante de Sylvette Babin. A partir das práticas de reconstituição que se multiplicam, após o *Raft of the Medusa*, Adad Hannah reconstitui (faz com que se reencene), com Denys Arcan, *Les bourgeois de Calais*, (re)nomeado desta vez *Les bourgeois de Vancouver*.

acomodação de restos? Se os *Bourgeois de Calais* [Burgueses de Calais] são reencenados ao vivo como *Bourgeois de Vancouver* [Burgueses de Vancouver], não seriam as antigas obras-primas vistas como destroços encalhados ao longo da história (da arte), deixados onde estão e finalmente disponíveis para novos tratamentos? *A balsa da Medusa, O banho turco* ou *A morte de Sardanápalo*[3] oferecem sérios motivos de reconstituição.

Procedimentos mais propriamente conceituais e politicamente provocadores como *re*-tomar a identidade de um artista que decidiu interromper seu trabalho, assinar com seu nome a obra vindoura – feita por *re*-tomadores – e expor todas as consequências jurídicas que essa ação acarreta é um dos aspectos do "re" no campo da arte, entre muitos outros[4].

Podem-se imaginar todas as espécies de obras do passado como motivos de "re": retomar, repintar, reconstruir, redançar, reencenar. Todas as espécies de construções e de

3. A autora se refere aqui a três famosos quadros expostos no Museu do Louvre, em Paris: *A balsa da Medusa,* de Théodore Géricault (1791-1824); *O banho turco,* de Jean-Auguste-Dominique Ingres (1780-1867); e *A morte de Sardanápalo,* de Eugène Delacroix (1788-1863). [N.T.]

4. "Em 2011, os artistas Damien Beguet e P. Nicolas Ledoux compram contratualmente a obra e o nome do artista Ludovic Chemarin, após este ter decidido, em 2005, pôr fim à sua carreira. Eles continuam, desde então, a exploração dele sob o nome de Ludovic Chemarin©, que expõe na França e no exterior, participa de conferências, dá entrevistas, é objeto de pesquisas e de artigos. [...] É assim que a peça *chaise-bouée* do antigo Ludovic será apresentada, mas numa versão reatualizada por Ludovic Chemarin©. Será apresentado paralelamente um produto derivado da escultura – um desenho preparatório, gênero muito apreciado pelo mercado da arte –, aqui, ironicamente, pós-preparatório" (Galeria Michèle Didier, exposição *Identités* [Identidades], abril de 2015, ver dossiê de imprensa). O "pós-preparatório" é um desses conceitos contemporâneos que jogam com o tempo e sua inversão.

ambientes se refazem a partir de novos planos; jardins e legumes esquecidos reencontram formas e variedade antigas[5].

Esses restos, cuja produção nós seguimos no caso das máquinas teóricas e concretas que são o conhecimento, a paisagem, a comunicação e a arte, não são unicamente resíduos sem vida atirados ao acaso; sua vida de restos está repleta de imprevistos, de ressurgimentos que liberam novas energias ou felizes avatares, mas podemos conceber também que essa vida se imobilize no arrependimento e na impotência.

Conhecidos sob os nomes *resiliência* e *remanência*, esses fenômenos caracterizam o comportamento dos restos no "fio do tempo" (ainda que, como veremos, esse fio esteja bem emaranhado, ou seja até mesmo inexistente!).

Este último capítulo pode ser visto como uma prospecção – não preditiva e ainda menos profética – do que advém dos restos e de que maneira nós os tratamos, sob qual signo os situamos e situamos a nós mesmos para falar a seu respeito e "registrá-los".

Rebentos repletos de vigor ou florestas arruinadas, restituições melancólicas ou vestígios remodelados, de quais espécies de memórias depende o futuro dos restos?

A aceleração do tempo, ou o que o parece ser, devida em grande parte às novas tecnologias, exige que nos posicionemos a favor ou contra sua reutilização, e, portanto, a

---

5. Anne Cauquelin, "Où mène le jardin?", em Actes du séminaire de Barbirey-sur-Ouche, set. 2003, *Quels projets aujourd'hui pour les jardins anciens?*, Ministério da Cultura, maio de 2004, p. 96-100.

favor ou contra sua conservação e sua disponibilização, ou sua rejeição definitiva.

Já são desenvolvidos *softwares* para apagar as memórias[6]; é um fenômeno novo, reação contra o roubo das memórias pessoais de cada um de nós pelas grandes firmas digitais, dados que servem para delinear nossos perfis, para nos fisgar com ofertas "adaptadas": *"seu perfil nos interessa"*. Esses pequenos nadas da vida ordinária que são essas *news* que enviamos aos nossos próximos formam, com efeito, um retrato bastante fiel de nossas vontades, necessidades e meios. Para os subtrair à benevolente vigilância das firmas, é preciso privar-se totalmente deles e, em suma, não mais comunicar-se? Seriam esses nadas nocivos? É preciso tratá-los como resíduos destinados a desaparecer?

Esse é um dos paradoxos e uma das absurdas soluções que a "*com.*" produz. Não obstante, esses procedimentos têm o interesse de evidenciar a diversidade das memórias e, no fim, sua não necessidade, para não dizer sua nocividade em certas condições.

"Memória" é um tema que percorre, em todos os sentidos, a vida social, cultural e política de nossa época. É a figu-

---

6. É o que assinala André Rouillé no editorial de *Paris Art News* de 11 de setembro de 2014, nestes termos: "É assim que se eleva no mundo um clamor cada vez mais forte pelo *'direito ao esquecimento'* na *internet, ao apagamento da memória digital dos 'dados pessoais'*, que, aliás, nunca foram dados, mas captados. Um mal-estar difuso se propaga também entre os que se sentem em situação de [...] vítimas consentidoras de sua coisificação. Enquanto o curso das civilizações sempre foi pontuado por dispositivos e técnicas da memória (a escrita, o livro, o museu, a foto, o gravador etc.), uma rejeição crescente se ergue hoje contra essa memória tecnológica absoluta de nossas vidas, a qual prospera fora de nós e contra nós. É nesse quadro que foi lançado, em setembro de 2011, o aplicativo *Snapchat* de mensagens instantâneas para *smartphones*."

ra-ícone desses inúmeros "re", e ela parece ser a Máquina teórico-concreta mais utilizada e a menos crítica existente.

Explorando-a como máquina (deixemos Mnemósine[7] de lado, por enquanto), podem-se esperar algumas surpresas, e eu mesma admito esperá-las com certa impaciência.

---

7. Deusa que, na mitologia grega, personificava a memória. Teve, com Zeus, nove filhas, as Musas: Calíope (musa da poesia épica), Clio (musa da história), Erato (musa da poesia erótica), Euterpe (musa da música), Melpômene (musa da tragédia e da alegria), Polímnia (musa da poesia lírica), Terpsícore (musa da dança), Talia (musa da comédia) e Urânia (musa da astronomia e da astrologia). [N.T.]

MEMÓRIAS ÍMPARES

É outubro, a árvore perto do portão sofreu a violência da tempestade; muitos galhos "mortos" caíram; outros, quebrados, parecem nunca querer partir; o tronco está rachado em dois. Acabou, penso. Mas, quando retorno na primavera seguinte, a árvore ainda está aí, e ramos crescem no galho estragado. Esse fenômeno se chama "resiliência". Estamos no campo da natureza, de sua generosidade e de sua energia, de suas reservas de memória ativa.

Entretanto, a grande mimosa, de sua parte, não se recuperou inteiramente do choque; a despeito dos cuidados, ela permanece frágil; menos ramalhuda, ela floresceu muito cedo e pouco. Não está morta, mas parece débil; ela se lembra da borrasca. É de "remanência" que se trata então. Memória dolorosa, cuja ferida sobrevive por muito tempo após o trauma.

Duas maneiras, como se vê a partir desse exemplo, de tratar o "resto", dois tipos de memória que a natureza nos ensina. Duas vias para nós que nos devemos "virar", e campos diferentes em que os dois tipos de memória já são chamados a desempenhar um papel.

A resiliência, no campo vegetal, é um fenômeno chamado "natural", pelo fato de vir da natureza generosa e, segundo a fórmula de Aristóteles, "boa dona de casa", que milita por uma memória da energia vital, alegre, repleta de promessas, independente das intervenções humanas. Entretanto, ela é frágil, como toda vitória provisória sobre a morte.

No mundo dos vegetais, com efeito, o fenômeno da resiliência abrange árvores, galhos e ramos: esses vegetais que parecem mortos, derrubados pela tempestade, atingidos por raios ou devastados pela inundação, podem, no entanto, reviver e reencontrar o vigor.

É uma memória a que eu, de bom grado, chamaria "surrecional", que se insurge e permite sobreviver. Essa espécie de memória é reencontrada nas comunidades humanas, sob a forma de insurreição – após um traumatismo, um ferimento, uma catástrofe –, e é ela que sustenta, por exemplo, no campo do meio ambiente, o princípio e as práticas do desenvolvimento sustentável, para o qual a resiliência é um conceito operatório.

Se deixarmos a resiliência física, vital das plantas para nos perguntar, por exemplo, se o conceito de resiliência pode aplicar-se aos "restos" que as máquinas da arte ou da "*com.*" produzem, reencontraremos o trabalho de *recharge* [revitalização] contemporânea das obras do passado, esses "re" que vemos florescer hoje. Ou, ainda, no campo da *"com."*, a recordação e a ressurreição dos dados que a memória da máquina armazenou, o que poderíamos qualificar de resiliência maquínica.

E, nesse mesmo registro, poderíamos pensar também em vários acontecimentos "surrecionais", como o Salão dos Recusados[1]: as obras recusadas são expostas, a despeito da obstrução do júri, e saem reforçadas e praticamente revitalizadas após o trauma da recusa. Reação dos recusados contra o academismo e, portanto, *insurreição*, mas também *surreição*, pois é do tronco gasto da tradição convencional que um novo movimento parte. A insurreição adquire todo o seu sentido quando é a decisão de vários, grupo ou rede – vontade comum que se enuncia sob a forma de declarações, de palavras de ordem ou de panfletos, e adota um nome (como o "supremacismo" para Maliévitch), ou então aceita um termo (como "impressionismo", que foi um achado de jornalista). Pode-se então falar de liberdade, insolência, heroísmo, bravura, todas essas qualidades ordinariamente emprestadas a esse tipo de ações e a seus autores... e que eu gostaria de aplicar também ao ramo renascente da árvore do jardim, bravo, heroico e corajoso galhinho.

Na mesma ordem de ideias, a reabilitação progressiva do jardim, "pequena forma" mantida por muito tempo afastada da "grande paisagem", pode ser vista como um trata-

---

1. Em maio de 1863, o Salão dos Recusados é inaugurado em Paris, no Palácio da Indústria, a partir de uma intervenção de Napoleão III, após a recusa do salão oficial, que rejeitou três mil obras. Nomes de alguns recusados, entre outros: Manet, Pissaro, Whistler, Jongkind, Fantin-Latour...

mento *soft* do resto-paisagem. Iniciada por Gilles Clément, que lhe acrescenta ervas daninhas, capim alto e outros excluídos do bom costume, como o terreno baldio e os resíduos que se espalham sobre ele e, por vezes, o enchem[2]. Surreição bem-sucedida e verdadeira resiliência, o jardim "asselvajado" encontra o favor e até mesmo o entusiasmo do público.

Remanência e melancolia

Se, na maioria das vezes, no campo vegetal, a resiliência é percebida como fenômeno "de natureza", a remanência, entretanto, é um fenômeno essencialmente humano. Ela arrasta consigo profunda melancolia, reiteração do passado, algo de mortífero que opõe um obstáculo à vitalidade do rebento ou a enfraquece. Essa memória "retorna" e reinjeta o passado no presente: o arrastamento doloroso de um ferimento ou de uma perda, uma imagem que não se pode esquecer, uma espécie de *aparição,* como a de um fantasma.

No que diz respeito aos restos de nossas máquinas, sob o domínio da remanência, eles tenderão a permanecer restos, a menos que haja um sobressalto imprevisto, um

---

2. Para a exposição "Airs de Paris" [Ares de Paris] (Centro Pompidou, 2007), Gilles Clément instala, entre o vidro do prédio e folhas de plexiglas, os elementos recolhidos num terreno baldio atrás do Arco da Defesa: plantas ou fragmentos de plantas, minerais, restos de insetos e de animais ou objetos provenientes da indústria humana, abandonados e moldados pelo tempo: os restos da cidade-paisagem, ou até mesmo os restos do jardim-paisagem. Toda a sua obra, do *Manifeste du tiers paysage* (Éditions Sujet/Objet, 2004) ao Éloge des vagabondes (Nil, 2002), é uma defesa dos "abandonados" e a revivescência das plantas esquecidas.

acesso de loucura, uma virada, ou um "concurso de circunstâncias"[3]. Esse sobressalto é compreendido como uma das saídas possíveis para os restos que a máquina produz. É possível, com efeito, que se encontrem as boas condições materiais e as disponibilidades e "disposições" dos atores – uma atitude, uma espécie de agilidade em tomar o que vem (chega) para fazer disso alguma coisa. Esse *kairós*, essa chance (o momento certo no lugar certo) sugere que um gênio efêmero, um *daimon* sem razão nem objetivo determinado, verdadeiramente insensível e insensato, cumpra a função de máquina para esses restos abandonados, continuando ou repetindo, assim, o funcionamento da Máquina global.

As energias dessa máquina global, fortemente repetitivas, e as pulsões pontuais dos atores formam um frágil casamento por conveniência; por um lado, a memória imobilizada, remanente, atua pela conservação do passado e insiste nisso; remanência passiva, voltada para a ilusão de um passado inesquecível que deixa um rastro e a persistência de um mal-estar; e, por outro, uma memória surrecional inteiramente presente no presente de sua atividade.

Assim, uma cidade destruída guarda a memória de suas feridas por muito tempo após ter sido reconstruída. Se a re-

---

3. Não se pode negar a participação do projeto humano nesse "concurso", mas, ainda assim, é preciso, para que ele se concretize, que haja o encontro entre um projeto (que diga respeito ao futuro) e as situações atuais de diversas ordens: políticas, sociais, econômicas e ideológicas. Os jardins de Clément encontram um academismo envelhecido, o declínio da paisagem enquanto objeto de contemplação, mas também a ecologia cada vez mais presente como vetor de mudança, a ideologia do *care* em plena expansão e o retorno dos citadinos ao rural como revigoramento. Pode-se dizer que se trata da *recharge* [revitalização] dos restos da paisagem a partir dos movimentos que agitam atualmente as sociedades.

manência não impede a reconstrução, ela a tinge, entretanto, de melancolia. Não é por ter sido reconstruída que ela se encontre *restituída*. "Não é mais como antes", ouve-se por aí. Sem, porém, que se possa precisar o que não é como antes nem o que foi perdido "entrementes".

Essa é a própria definição da melancolia, esse sentimento impreciso, de contornos vagos, do arrependimento interminável de ter perdido algo, sem que se saiba o quê[4]. A remanência parece ter encontrado nisso um alicerce psicológico, que mantém a lembrança em espera e se sustenta com certo romantismo.

Nesse caso, a memória remanente contamina a memória resiliente, formando um concerto discordante que abala a percepção habitual do tempo. Os instantes não se seguem mais de maneira contínua ao encontro do futuro, mas são puxados para trás pela projeção dos elementos do passado. Numa visão remanente, melancólica, o presente não é mais percebido em toda a sua presença real – isto é, acompanhada de todos os seus possíveis, de todos os seus futuros potenciais –, é a imagem de um passado morto que toma seu lugar[5].

---

4. Freud, em "Luto e melancolia" (1915), em *Métapsychologie* (Gallimard, 1968), analisa a melancolia como um estado em que a vida e a morte não são mais distintas, a memória não tem mais bordas, e nenhuma distinção existe entre as épocas da memória.

5. A memória remanente não diz o todo da melancolia. Pois a melancolia é de fato uma patologia (uma bílis negra) que pode igualmente expressar-se pela perda do sentimento de realidade diante das imagens do passado – e isso é a loucura – ou desenvolver-se no melancólico como uma poderosa imaginação criadora: não sabemos o que foi perdido, mas sabemos que o perdemos; é preciso, pois, reinventar permanentemente o objeto fantasma. O "gênio" não está longe de ser profundamente melancólico. Schopenhauer e Aristóteles o sabem perfeitamente.

Um compromisso gasoso (arte)

O casamento das duas memórias antinômicas é bem compreensível no campo da arte. Os ensaios e comentários sobre a arte contemporânea, a arte atual – ou como se quiser denominar as produções artísticas de hoje –, oferecem, com efeito, uma curiosa mistura de constatações pesarosas e de otimismo radical. A remanência do "como antes" e a ausência de objetos sobre os quais se possa formular um juízo estético "à maneira antiga" são as condições negativas da recepção das obras contemporâneas. Esses critérios faltantes e suas sequências melancólicas formam o material da arte que se anuncia. Como se a máquina projetasse diante de si, no futuro, o que havia sido rejeitado no passado, alimentando-se, assim, de restos revisitados.

Sem poder nomear o futuro e o que nele ocorrerá, sem poder formar juízos sobre as obras ou sobre o que ocupa o seu lugar (ou não lugar), temendo negligenciar "restos" importantes ou excluir antecipadamente o que seria a arte de amanhã – que vergonha! –, o crítico-comentador-historiador-ensaísta se retrai modestamente na descrição ou cataloga tudo o que existe, mas ele não está certo de que ainda existirá amanhã. Seja como for, essas enumerações se encerram quase sempre com uma profissão de fé: a arte não morre nem pode morrer, a liberdade criadora impele a arte diante de nós a ir mais longe, mais alto, a ser mais compartilhada, mais vasta! Mistura instável cuja proporção de lamentação e de entusiasmo varia incessantemente.

Atitude e discursos um tanto patológicos, sobre os quais não me posso impedir de pensar que se trate da tonalidade geral nesse campo.

Pode-se supor, assim, que o "estado gasoso" de que fala Yves Michaud[6] caracteriza, pelo menos, tanto as produções artísticas atuais e seu círculo conceitual quanto o estado de espírito do público, seja ele esclarecido ou cândido. Esse estado de espírito faz parte da máquina da arte, ele a envolve e se desenvolve à medida do desenvolvimento da máquina. Ele mesmo é uma produção artística.

Uma produção sob o signo da remanência. Pois os critérios que uma longa tradição reconheceu como definidores do que *constitui* arte absolutamente não desaparecem na apreciação da arte contemporânea, mas funcionam em vão – pois nenhum objeto da esfera de produção artística atual lhes corresponde. O que significam, por exemplo, autenticidade, originalidade e novidade no mundo dos "re"? O que significa assinatura no mundo dos anônimos? Esse vazio em que se exercem os juízos estéticos não é um simples nada negligenciável, ele desempenha um papel importante, pois reúne aqueles que os formulam numa nostalgia comum do que estava aí "antes".

O "não é como antes" se mescla ao dever de cultura que leva público e especialistas *ao encontro* de exposições, galerias, museus, concertos, coreografias, conferências e revistas de arte. Combate em que o gosto "culto" e a obrigação

---

6. Yves Michaud, *L'art à l'état gazeux*, Stock, 2003.

de estar informado se conjugam para destruir-se mutuamente. Portanto, contorções e posturas acrobáticas: do "sim, mas" à recusa nuançada e a sutis distinções dificilmente justificáveis.

Quanto à recusa pura e simples, combinada a insultos grosseiros, e, por vezes, vandalismo, trata-se também de uma parte ativa da produção artística da máquina[7]. Como vimos, a máquina não exclui mais nada, ela retoma e reativa o que teria sido – o que é quase nada – rejeitado.

7. Essas palavras são, na maior parte do tempo, empregadas em *blogs* e, por vezes, por ocasião de conferências e debates públicos.

O REVIRAMENTO DO TEMPO (A "*COM.*")

No que diz respeito à máquina de comunicação, a "*com.*", a questão das memórias está no primeiro plano, pois, no caso da "*com.*", não se trata de outra coisa senão do tempo, e não é impertinente pensar que as novas tecnologias de comunicação lhe transformaram profundamente a percepção e a representação geral.

O que entendo por reviramento não é um retorno, uma reminiscência, nem uma remanência. É uma maneira de pensar a cadeia temporal que rompe a sucessão clássica dos momentos do tempo e lhe perturba a ordem.

Ora, a primeira falha em nossa representação tradicional do "fio" do tempo é a introdução do chamado tempo "real" da máquina digital. É um tempo quase puro, sem referência a uma linha ou a um movimento de um ponto a outro. Sob a forma de uma resposta praticamente instantânea a um pedido formulado na rede, é uma simultaneidade dos momentos que se instala; simultaneidade ilusória[1], por certo, mas à qual atribuímos uma aparência de verdade; pois sentimos a velocidade com que a resposta chega até nós como direta, sem demora, de algum modo intemporal; assumimos então o belo paradoxo de um tempo que é real na medida em que é intemporal! "Tempo real" é, assim, o nome de um intervalo que se anula, de uma ausência, de uma não existência do tempo.

E, a partir do momento em que a simultaneidade triunfa, pouco importa que os laços que estabelecemos entre os acontecimentos passem de uma extremidade a outra de determinados tempos históricos.

Zadig e Sherlock

Uma demonstração brilhante da liberdade deixada pelo abandono de uma causalidade historicamente estabelecida é a que nos oferece Pierre Bayard. Voltemos ao *Plagiat par anticipation*[2] [Plágio por antecipação]: esse livro icônico e divertido nos pega desprevenidos, ou, antes, no contrapé; o conceito de antecipação permite ignorar a ordem histórica. É Voltaire quem plagia Conan Doyle, e Zadig imita de longe Sherlock Holmes em suas deduções policiais.

Estendamos a hipótese: a análise de Pierre Bayard em sua própria alçada, a literatura, pode ser aplicada a outros campos, ou até mesmo à interconexão de vários campos. E

1. Como mostram as experiências "topológicas" do coletivo "Art of failure": Nicolas Maigret e Nicolas Montgermont transcrevem os atrasos da "viagem laboriosa, perigosa e repleta de desvios" dos sinais eletromagnéticos.
2. Pierre Bayard, *Le plagiat par anticipation, op. cit.*

poderíamos, por exemplo, afirmar que Vermeer plagiou Proust, pintando um "pedacinho de muro amarelo" em sua *Vista de Delft*.

Esse reviramento do tempo afeta todos os campos da criação e tece laços inéditos entre obras picturais e a filosofia (Velásquez inspirando-se no texto de Foucault sobre *As meninas*) ou a literatura (Vermeer plagiando Proust e o pedacinho de muro amarelo), ou ainda entre as próprias obras picturais: as pinturas murais do século XIII plagiando por antecipação as paisagens de Cézanne, Schopenhauer plagiando Nietzsche...

Tudo isso que poderia parecer um jogo, um jeito de ser, tem, no entanto, um real alcance epistêmico. E isso em vários planos.

Primeiramente, no território artístico, ao ressaltar a possível indiferença do tempo à sua progressão, o plágio por antecipação abala a ideia de uma história-histórica da arte e renova o olhar que podemos lançar sobre as obras e suas conexões. A noção de influência, por exemplo, perde pertinência, e seria preciso revisitar inteiramente a de interpretação.

Mas se esse campo é o lugar privilegiado de aplicação da hipótese da antecipação, ele não é a única coisa em jogo. O tempo em seu aspecto "real" – no sentido que lhe atribui a virtualidade informática – intervém de fato numa reconcepção da história da arte e da história em geral, mas outros questionamentos emergem: eles dizem respeito à noção de "possíveis" e, consequentemente, à pluralidade dos mundos.

Os possíveis como restos, e vice-versa

Escapando da ideia de uma sucessão temporal, poderíamos deixar de lado a ideia de uma progressão ou de uma decadência, em todo caso, de uma descendência obrigatória e simplesmente nos instalar numa coexistência simultânea de vários mundos "possíveis"[3].

Retomemos o exemplo de Pierre Bayard: se seguirmos sua hipótese, perceberemos que, de duas obras dadas, uma realiza os possíveis da outra. Os romances de Conan Doyle realizam o conto filosófico de Voltaire, *Zadig ou o destino*, isto é, lhe dão todo seu alcance, estendem-lhe a trama e o tornam visível. Do quadro de Vermeer, *Vista de Delft*, Proust extrai um "pedacinho de muro amarelo", em meio a outros pedaços de pintura. O escritor realizou um dos possíveis entre as figuras pintadas. E se esse "pedacinho" foi atualizado, tornado visível, não haveria outros "pedaços" possíveis prontos para serem percebidos? Todo "o resto" do quadro não é feito de uma infinidade de restos oferecendo "pedaços" possíveis? Como pensar esses possíveis? Que espécie de existência eles têm? Onde vivem?

Sobre algumas memórias

Na ótica de uma simultaneidade dos tempos, em que passado, presente e futuro se confundem, a memória natu-

3. Sobre este assunto, ver David Lewis, *De la pluralité des mondes*, Éditions de l'Éclat, 2007. Ver também Anne Cauquelin, *No ângulo dos mundos possíveis*, Martins Fontes – selo Martins, 2011, no qual eu tentara explorar esses chamados mundos paralelos e manter, à maneira de David Lewis, sua realidade.

ral e humana que vimos em ação com seus dois ramos, resiliência e remanência, deveria certamente ser pensada novamente.

No contexto da *"com."*, a memória se apresenta ela mesma como uma grande máquina no interior da *máquina-*"com.": ela armazena, seleciona e reclassifica informações e as mantém à disposição de um eventual demandante. As demandas sucessivas do internauta vêm aumentar a massa de dados que lhe dizem respeito e constroem pouco a pouco seu perfil – seu duplo maquínico memorizado. Memórias ambulantes que se vão completando ao mesmo tempo, conectadas a tantas outras memórias quanto forem necessárias para atender às minhas demandas. Memória em forma de biblioteca infinita, quase borgesiana e da qual aquilo que conheço a meu respeito não sabe nada.

Este eu, que é infinitamente superado por seu duplo, não seria o seu resto, ou então aquilo que lhe escapa ou não entra no perfil arquivado? Invertendo a relação entre original e cópia, eu seria então a cópia incompleta de outra cópia, que havia primeiramente sido pensada e desejada como tal. Eu seria um "eu" de terceiro nível?

Pois o reviramento do tempo age menos abstratamente do que se poderia acreditar; nascido nas e pelas máquinas concretas, ele trabalha concretamente para revirar as situações, mas também as relações entre indivíduos e entre os diferentes "eu" dos sujeitos. Eis que sou o plágio de mim mesmo, o futuro anterior de meu avatar... ele é meu eu, e, no entanto, sou tudo que ele não é: seu resto, de alguma maneira. Seguida de minha sombra – algo como um avatar –, uma figura em vias de recomposição perpétua, que me representa fielmente a cada momento, até que outra demanda de minha parte (mais um esquecimento ou um *ignoto* para os quais consulto a rede) aumenta esse eu possível com um enésimo avatar.

O esquema desse duplo eu invertido faz pensar no *second self* descrito e analisado por Sherry Turkle[4]; não obstante, ele se distingue deste, pois não é nem desejado nem construído fantasmaticamente como refúgio e reconforto para um internauta que se isolaria com ele numa bolha de intimidade ao abrigo do mundo. Não há nada de voluntário, ao contrário, no duplo mnemônico que evoco: pois trata-se do produto *sem intenção* pela máquina de comunicação virtual, reservatório ativo que registra minhas palavras, minhas leituras e as informações que reúno. É independentemente de mim que ele existe, vive e cresce. Não temos nenhum laço afetivo e somos indiferentes um ao outro.

Trata-se, mais uma vez, de uma máquina: a da memória virtual. Essa máquina-memória permite entender o mecanismo que move todas as máquinas (as da paisagem, da arte e da "*com.*") de que falamos até o momento.

---

4. Sherry Turkle, *The Second Self*, MIT Press, 1984. A autora, que descreve certo número de casos em que o *second self* toma o lugar de outro eu mesmo, pressentiu a importância desse "amigo" e o lugar cada vez maior que ele iria ocupar na vida efetiva do internauta, a ponto de proibir qualquer outra espécie de relação – amigos, camaradas ou parentes – antes mesmo que ela se possa formar. Escrito nos primórdios do consumo de massa dos dados digitais e da rede, esse livro procura alertar – sem, entretanto, proscrever nem vituperar – para o que a autora via desenhar-se inelutavelmente.

Adotando o esquema do reviramento temporal – que privilegio aqui –, pode-se ver o fenômeno mnêmico – aquele descrito pelas análises psicológicas e teorias filosóficas – não como modelo e precursor da memória informática atual, que seria apenas uma cópia ruim, mas, antes, como sua *imitação antecipada*.

Com efeito, essa memória de outro tipo, que conservava metodicamente os dados e os restituía de acordo com a demanda, já agia como sistema motor no interior de cada memória subjetiva particular e é a memória virtual que, "realizando os possíveis" desse modelo, dá-nos sua versão original.

Isso projeta uma nova luz na relação original/imitação, não somente no que diz respeito à questão das memórias, mas também na maneira de perceber, nas mudanças de pontos de vista atuais, o que a proposta de Burghard Schmidt[5] assinala da seguinte maneira: "a herança do futuro contida no passado permanece uma tarefa da maior urgência".

Parece, com efeito, que não se tirou todo o proveito das indicações furtivas de constelações temporais não conformes vindas da ficção científica, dos poemas ou simplesmente da literatura.

Quando o internauta (vocês, eu) solicita um dado do estoque em que tal dado provisoriamente dormia, essa ação reúne os dados já registrados e os atualiza; a máquina-memória se amplia com toda ação que vem explorá-la. Ela é guardiã e gestora do que detém: o possível retorno à vida

5. Citada por Daniel Charles em *Musiques nomades, op. cit.*

dos dados registrados. Sua reemergência. Esses estratos são constantemente rearquitetados e sobrepostos à maneira de um palimpsesto. A memória maquínica se assemelha assim a um órgão vivo que atualiza seu potencial quando solicitado.

Assim, os esquecidos podem "retornar". O poema de Mallarmé "Le vierge, le vivace et le bel aujourd'hui..." [O virgem, o vivaz e o belo hoje...][6], de cujo terceiro alexandrino me esqueci, a memória-máquina o devolve para mim, restituído em sua inteireza, e, com isso, reencontro-o, intacto, numa memória que não é a minha, mas cuja função é a mesma. Quanto ao que ainda não sei, o *ignoto*, o que esqueci que eu sabia, a máquina-memória, atendendo ao meu pedido, enriquece meu duplo com um traço suplementar, e lhe confere densidade.

Não haveria nisso um fenômeno (maquínico) de resiliência? Sim, mas uma resiliência que não teria contrário, que se privaria assim de seu antagonista e das mil nuances que os "talvez" e os "não sei quê" trazem à rigidez da repetição. Aqui, não há lugar para a melancolia; a ação prevalece, assim como a utilidade. A memória *"com."* está no presente, o tempo todo, indefinidamente ativa. Os possíveis estão presentes no instante, prontos para ressurgir, prontos para a ressurreição.

A memória maquínica da rede dá assim seu sentido e suas condições de existência ao reviramento dos momen-

6. Na versão de Augusto de Campos: "O virgem, o vivaz e o viridente agora". [N.T.]

tos do tempo que nos proporciona Pierre Bayard com o plágio por antecipação.

É preciso compreender que esse retorno não é simplesmente um retorno, a repetição de um passado – ainda que truncado –, como seria um novo lançamento da memória, uma reminiscência, mas um *reviramento*.

Esse reviramento é difícil de imaginar, pois os termos evolução, desenvolvimento (sustentável ou não), regressão ou progressão são palavras de nossa cultura atual, poucas vezes questionadas, palavras da linguagem comum que transportam o desenho de conjunto do mundo tal qual o concebemos e tal qual pensamos construí-lo. Para falar do reviramento e fazer que se o compreenda, para simplesmente vivê-lo, é preciso que utilizemos um modo verbal específico: o *futuro anterior*[7].

7. Tempo verbal composto existente na língua francesa e em outras línguas latinas. Construído com o verbo auxiliar (ser ou ter) conjugado no futuro simples e o particípio passado do verbo principal, o futuro anterior serve para expressar um fato tido como consumado no futuro; um fato futuro anterior a outra ação futura; uma recapitulação; ou, ainda, uma hipótese a respeito de um fato já ocorrido. Na língua portuguesa, o futuro anterior encontraria, de acordo com o contexto, correspondência em dois modos compostos: o futuro do presente composto do indicativo (*eu terei lido o livro*) e o futuro composto do subjuntivo (*quando eu tiver lido o livro*...) [N.T.]

FUTUROS ANTERIORES

O futuro anterior é um modo que parece evidente num contexto narrativo. Ele serve para assinalar uma ação a ser realizada por um dos actantes da narrativa – um desejo, um projeto antes de outra ação, também situada no futuro. "Quando ele tiver levantado, irá à padaria." A sucessão temporal não é perturbada: passado, presente e futuro se sucedem em boa ordem; o todo foi apenas transportado tal e qual para o passado. Essa operação se chama muito justamente "concordância dos tempos", e sua regra é gramatical; sustenta certa unidade de sucessão do tempo, e, sejam quais forem o local e o tempo para os quais a ação é transportada, o encadeamento passado/presente/futuro permanece idêntico. É por essa razão que o futuro anterior é fácil de utilizar para o escritor e fácil de compreender para o leitor ao longo de um relato. E, de resto, que x encontre ou não a padaria, isso é problema do narrador, não nosso.

A situação é diferente quando esse modo designa uma ação ou *um acontecimento que se deve produzir no passado futuro* de nosso mundo; não se trata então mais de narração e de modos gramaticais, mas de um reviramento no qual o futuro e o passado trocam de lugar, pondo em perigo a sucessão tradicional do anterior e do posterior e, consequentemente, a compreensão do mundo que nos cerca.

Não faltam interrogações filosóficas assim que entramos nesse terreno: interrogações tanto sobre as sucessões e antecipações temporais quanto sobre as relações de causa e efeito. A inversão temporal não acarreta *ipso facto* a inversão da causa e do efeito? O efeito não precederia a causa? Esse parece ser o caso em certas ocasiões e disposições, como quando nos damos conta de que o que estamos realizando já está inscrito no passado como *efeito a ser produzido*, isto é, de que já estavam realmente presentes como possíveis. Admitam que isso é, no mínimo, bastante perturbador[1].

Nova *gramática do tempo*, nova sensibilidade à história e ao seu duplo desprezado: a policronia; à memória e ao seu resto: o esquecimento; uma nova repartição das certezas e das crenças, do científico e da ficção está nascendo. Não sem dificuldade ou insatisfação.

Seja como for, e certamente em razão de sua própria ambiguidade, o conceito de "futuro anterior" é um tema

---

1. Essa reversão da lógica temporal está próxima das questões levantadas pela filosofia analítica a respeito da *causalidade invertida*. Ao paradoxo do efeito que precede a causa, David Lewis opõe a possibilidade conceitual dessa inversão, *quando e se* utilizarmos a teoria (lewisiana) dos contrafactuais, isto é, a possibilidade da existência de vários universos simultâneos.

muito atual de pesquisas e de análises, pelo menos no mundo da arte.

Além de revistas como *Futur antérieur*[2] ou *Le journal d'anticipation*[3], exposições como a do "Retrofuturismo/steampunk/arqueomodernismo", na galeria Agnès b., estudos como o de Arnaud Pierre, *Futur antérieur. Art contemporain et rétrocipation* [Futuro anterior: arte contemporânea e retrocipação][4], trabalhos literários como o de Pierre Bayard ou comentários como os de Norbert Hillaire na revista *Multitudes*[5], o futuro anterior está presente em colóquios, debates e galerias; não obstante, estamos realmente persuadidos de nos encontrarmos nesse futuro, agora, no presente?

Essa reconcepção trilha seu caminho, mas o que ela reforma assim ainda não é percebido em sua globalidade; ela aparece somente por pequenas pinceladas e em campos particulares e setorizados; a arte é certamente o lugar em que sua consciência é mais aguda, ainda que nem todas as atividades artísticas estejam igualmente conscientes dessa questão.

---

2. A revista *Futur antérieur*, fundada em 1990, foi dissolvida em 1998 e renasceria com a revista *Multitudes*, em março de 2000. Sua linha conceitual se inspira em Deleuze e Guattari.

3. *Le journal d'anticipation*, de Jocelyn Cottencin (dir.), não se contenta em propor textos que tratem do futuro anterior ou invoquem o seu conceito; ele utiliza essa temporalidade particular explorando a periodicidade dos números. Ver a análise de Marie Boivent, "Accélérations, rétrospections, anticipations: le temps en jeu dans les revues d'artistes", *Marges*, n. 19, out./inv. de 2014.

4. Arnaud Pierre. *Futur antérieur. Art contemporain et rétrocipation*, M19, "20/27", 2012.

5. Norbert Hillaire, "Le futur antérieur de l'œuvre d'art", *Multitudes*, edição especial "Transmission", 2007.

MÚSICA(S) E ESQUECIMENTO

O campo musical é certamente aquele em que a questão da precessão dos tempos, de suas repetições não idênticas ou de sua simultaneidade é mais bem compreendida e encontra suas formulações mais radicais.

Os incitadores dessas novas temporalidades não são prioritariamente pensadores, mas, com frequência muito maior, músicos e aqueles que "interpretaram" suas audácias desvendaram suas fontes e expuseram as direções e o sentido que eles davam ao mundo. É o caso do casal formado pelo músico filósofo John Cage e o filósofo músico Daniel Charles.

Houve muitos casais semelhantes, é verdade, que contribuíram para o nascimento do novo paradigma pós-moderno e apresentar seus expoentes; é o caso de Deleuze e Bacon, Lyotard e Monory. Mas, nas artes visuais, a necessidade de explicação e de difusão é menos perceptível, pois as obras não se subtraem à vista, muito pelo contrário; expostas em galerias, em capas de revistas, no frontão dos teatros (como a obra de Adami que, por muito tempo, adornou a fachada do Châtelet), elas são visualmente acessíveis à maioria do público.

A música, em contrapartida, é de abordagem menos fácil, mais íntima e, sobretudo, ainda mais convencional que as artes plásticas. Óperas, sinfonias, músicas de câmara são monumentos obrigatórios nos quais o público se encontra confortavelmente, com as salas de concerto desempenhando o papel de museus. Tudo que transgride, perturba ou ultrapassa esse quadro é, no fim, apenas um objeto de curiosidade, quando não de recusa. Por isso, torna-se necessário acompanhar o pensamento do músico, seu projeto e sua obra. Sem Daniel Charles, John Cage não seria hoje o herói de gênio múltiplo que incontestavelmente é para a geração de músicos que veio depois nem a referência obrigatória de toda reflexão sobre o tempo, o acaso, a multiplicidade, a interpenetração – ao mesmo tempo que sobre a regra que sustenta o todo musical. As *Gloses sur John Cage* [Glosas sobre John Cage][1] e os artigos, conferências, entrevistas que Daniel Charles lhe dedicou não são, entretanto, acréscimos exteriores, comentários que poderíamos ignorar de acordo com nossa vontade, mas um instrumento preciso, um amplificador que dá ao "pensar-Cage" todo seu alcance, desvendando e tornando audível o que é silenciado pelo músico no interior de seus próprios dizeres. Se "calar-se é um relato", como um artigo de Christian Tar-

1. Daniel Charles, *Gloses sur John Cage* (1978), Desclée de Brouwer, edição revista e aumentada, 2002.

ting[2] deixa entrever, então esse relato deve ser examinado em suas menores nuances, dobras e nós. É preciso fazê-lo sair da toca, pacientemente, obra após obra, abordagem após abordagem, e a ele retornar, incessantemente.

Vários dispositivos instrumentais, experimentados ou não, podem servir de ilustração; eles dizem respeito à disposição do tempo e sua distribuição no espaço. Pois é realmente o tempo que está "em questão" no projeto cagiano, e são as maneiras de "tomar o tempo" que são reveladas, expostas e experimentadas pela música.

Derrubada dos conceitos de concerto, de partitura e de musical como tradicionalmente os entendíamos. Deslocamento da escuta e dispositivos excêntricos, que abrem a via para o murmúrio e a cacofonia externos e concentram então a sua escuta. E dos quais faz parte esse estranho objeto que é o silêncio cagiano[3].

Retornemos à hipótese das máquinas concretas: a máquina da arte, no que diz respeito a esta arte particular que é a arte da música, é questionada, neutralizada, criticada e zombada *por seu resto*: o som, os ruídos, murmúrios, rumores e silêncios sobem ao pódio. Esses esquecidos, desprezados ou até vilipendiados emergem, revitalizam o sentido musical propriamente dito: a audição; e o que participa de sua natureza orgânica: a escuta.

Outra transformação: esses restos fazem entrar no campo musical aspectos do espaço também esquecidos: "de

2. Christian Tarting, "Se taire est un récit", em Jean-Pierre Cometti, Éric Giraud (dir.), *Black Mountain College. Art, démocratie, utopie*, Presses universitaires de Rennes, 2014, p. 101-106.

3. Silêncio do qual a célebre *4'33"* é, ao mesmo tempo, ícone e símbolo.

onde vem esse ruído?", perguntamos, designando um ponto distante do ambiente. Se atentarmos para ruídos carentes de designações, uma paisagem do som se configura, toma forma, desenha-se; o "de onde?" introduz o longínquo; do mais distante ao mais próximo, os sons desenham um espaço[4]. O som aflautado das rãs evoca não somente a distância e o lugar (um charco num raio de algumas centenas de metros), mas também o tempo que faz (tempo bom e orvalho que se aproxima) e o tempo que é (a noite). Os sons conferem forma ao espaço, antes mesmo de serem percebidos de acordo com sua musicalidade. E, enquanto a explosão e a confusão dos ruídos do lado de fora se precipitam na minha direção pela janela aberta, desenha-se a forma absolutamente pura do "resto"[5].

---

4. Os sons desenhariam uma paisagem? Questão central para a composição de "jardins sonoros". Isso porque, se os jardins possuem limites marcados (sebes, barreiras, muros ou muretas), eles estão situados num espaço mais vasto, fora desses limites, espaço que se pode dizer "paisagem" e que a vista, detida por esses cercados, nem sempre percebe; os sons vindos do meio ambiente, em contrapartida, esses múltiplos ruídos tão naturais quanto industriais tornam perceptível o exterior do jardim, seu invólucro espacial: essa espécie de "paisagem sonora" que envolve o jardim. Mas, pelo ângulo dos murmúrios do mundo, esse exterior ruidoso não é somente um invólucro ou uma distante paisagem, mas interfere nos próprios sons do jardim que a composição musical revela. O conjunto compõe uma "tonalidade global" – mundo de cores, luzes e ruídos, cuja contrapartida subjetiva é o sentimento de pertencimento e de compartilhamento. Assim, aquele que concebe e compõe um jardim sonoro deve levar em consideração esse ambiente, estender-lhe uma espécie de rede. Captar-lhe a presença, torná-lo sensível aos caminhantes, aguçando sua escuta. A esse respeito, ver Carmen Prado, "Pour une écou-logie sans entraves", *Sonorités*, n. 7, 2012.

O trabalho do compositor Jean-Luc Hervé atesta essa arquitetura complexa que reúne vários parâmetros: o lado de fora, o descentramento, o chamado "acaso", a acessibilidade, a fusão de interior (escuta atenta) e de exterior (o assalto dos sons), o que John Cage denominava "interpenetração sem obstrução". Nunca são esquecidos "o espírito da música" e as regras de sua composição. Vários exemplos desses jardins compostos são apresentados em *Les jardins de l'écoute*, Jean-Luc Hervé, Anne Cauquelin, Éditions MF, a ser publicado.

5. Esse "resto", os murmúrios dos sons do mundo, pode ser ouvido musicalmente. Tratar-se-ia então de uma "ecologia sonora", da qual a crítica musical faz tan-

Paralelamente, o digital inicia uma reflexão constante dos pesquisadores sobre o uso e a forma do tempo: memorizar, armazenar, arquivar ou então esquecer, jogar fora, destruir? Gerir a memória e o vestígio no chamado tempo real – quase instantâneo – é também um gesto musical e de escuta; fazer reviver "num clique" um arquivo abandonado ou "atualizá-lo" é algo que participa realmente de uma interpretação – como tocar novamente um "fragmento" já tocado mil vezes –, é conceber o anterior a partir do posterior, ou os dois ao mesmo tempo, simultaneamente.

A textura musical, assim como as práticas digitais, apelam ao futuro anterior: ele é seu elemento-chave; o antes e o depois encontram-se nele entrançados numa unidade segmentada, feita de sequências não estáveis. Husserl desvendou esse movimento nas belas páginas das *Lições para uma fenomenologia da consciência interna do tempo*[6]; jogo do tempo entre passado/futuro e futuro retornando ao seu passado para reproduzi-lo indefinidamente[7]. Repetição e retornos são as constantes musicais sem as quais não há nem expectativa nem escuta.

Reviramento, também, como tempo singular no processo da invenção: a música nos ensina – e essa também é

to alarde atualmente? A máquina-paisagem – tendo-se tornado meio ambiente – e a máquina da arte recuperam, em proveito dessa ecologia particular, o que Murray Schafer sintetizara sob a forma de "paisagem sonora", aproximando vista e escuta. Na versão "ecológica" da paisagem sonora, a composição musical não é considerada: ecologia sonora remete mais a uma forma de documentário dos sons cativos do que a uma pesquisa sobre a matéria do sonoro. Ver, na revista *Filigrane*, n. 18: "Musique et écologie du son. Propositions pratiques pour une écoute du monde".

6. Puf, "Épiméthée", 1996.

7. Martelamento dos pés no chão, dizia Alain, quando Satie intitulava "Para tocar 840 vezes seguidas este tema...".

a lição que nos oferecem as *Lições* – que descobrimos "o antes, o precedente" muito depois de ser o projeto completado. Essa é a temporalidade singular da invenção; o fim – o projeto realizado, "acabado" – se situa a montante, logo no início da pesquisa, ele está no futuro anterior, e é "sem saber" que avançamos, inconscientes, rumo a esse fim desconhecido, que representa, na análise, o futuro de um passado já no futuro[8]. Como se andássemos para trás, quase cegos, rumo ao começo e não ao fim. Com o risco de exclamar, uma vez realizada a coisa: "ah, sim, era exatamente isso que eu queria (dizer, fazer, escrever etc.)".

Jogo de linguagem ou problema de lógica, o futuro anterior lança uma dúvida sobre a validade do nosso sentido de tempo, e, para além das questões de lógica, são os (nossos) "valores" que o reviramento do tempo destrói: o futuro não seria mais esse espaço virgem que devemos moldar para torná-lo melhor. Ele já estaria aí, diante de nós, inteiramente construído e até mesmo em vias de decomposição. Ou, ainda: o futuro estaria atrás de nós, já consumado, e seria sobre as suas ruínas que viveríamos, continuando a fabricar futuros em ruínas, sem pensar muito nisso, e fazendo do *slogan* punk *"no future"* nosso lema. Seria o futuro, estranhamente, um resto?

8. Em *Au fil du motif*, Delatour, 2012. Antonia Soulez dedica um capítulo de seu livro à questão desse "sem saber" da criação: "Sans y penser ou l'intentionnalité résolue: le modèle de la musique" [Sem pensar nisso ou a intencionalidade resolvida: o modelo da música] (p. 253-275). A autora analisa muito finamente o que cabe ao futuro anterior na invenção: o já-realizado como ponto de vista sobre a obra, e seu processo chama o futuro anterior: "Essa teria sido a intenção, mas eu não o teria sabido (até agora)".

AS RUÍNAS DO FUTURO E O BELO HOJE[1]

O termo "ruínas" parece indicar tratar-se de restos deslocados de um monumento que ainda estava inteiro há algum tempo; "ruínas" conecta presente e passado de uma maneira convencional e austera, na medida em que sugere uma incontornável decadência e o declínio obrigatório de tudo o que existe no mundo. Mas "ruínas do futuro"?

Não se trata mais de austeridade, mas de pessimismo. A expressão sugere que, no presente, agora, estamos construindo um porvir já passado, em ruínas antes mesmo de ter advindo. A fórmula diz também que o que produzimos hoje põe em perigo nossas condições de vida num tempo que tínhamos o hábito de estender diante de nós, com todas as suas promessas (de felicidade). Mas, para além de

---

1. Esse título foi extraído do livro de Yves Stourdzé, *Les ruines du futur* (1979), Sens & Tonka, 1998. Em plena maré de *Silicon Valley* e de profecias sobre os poderes da *internet*, Stourdzé discerniu os sinais do tornado vindouro, os de uma maré digital de dados assintáticos que se abaterá sobre o planeta. "Troia desmorona sem narração", diz.

uma visão da sociedade presente e de sua projeção no porvir, é uma transmissão de nossos *a priori* existenciais que essas ruínas nos proporcionam.

O desenvolvimento do digital certamente favorece a visão calamitosa de uma sociedade arruinada por sua própria produção, e isso com tamanha velocidade que o porvir se encontra atrás dela antes mesmo que ela o tenha vivido. O cenário assim montado apresenta máquinas (conhecimento, paisagem, arte, "*com.*") que se ativam, e trabalham juntas em suas próprias ruínas. Essa seria uma visão afinal bastante comum em sua crítica virulenta do superconsumo, se sua formulação não tivesse assinalado uma inversão dos tempos.

O SOL, NOVO A CADA DIA

O pressentimento de uma ruína ou de um declínio que nós mesmos fabricamos com entusiasmo segue, entretanto, o rumo de uma mesma representação do tempo, de montante a jusante. Afastemo-nos por um momento desse esquema para seguir o pré-socrático conhecido como "o obscuro". O fragmento 6 de Heráclito[1] posto em epígrafe aqui dá outra ideia do que é a sucessão cotidiana do dia e da noite.

O sol aparece todos os dias, por certo, mas em que e por que ele seria "novo" (*neos*)? O que é esse "novo"? Heráclito parece sugerir um renascimento; novo, o sol não será o mesmo que este que vejo hoje; o sol de amanhã não será o mesmo sol, ele terá passado a noite não sendo um sol presente, mas um sol possível, um ser que ainda não é.

Durante o dia, ele esgota seu poder de calor e de luz; tendo-o esgotado, passa então a ser noite. Mas essa noite

---

1. Pelo menos se seguirmos a tradução e o comentário de Jean Bollack, *Héraclite ou la séparation, op. cit.*

esgota, por sua vez, seu próprio poder de sombra. Os dois opostos, sol e noite, agem de acordo com a exalação. Sabe-se que o calor se dissipa, e o sol, que é inteiramente fogo e potência ígnea, segue o processo dessa dissipação. É ao preço de sua morte como sol que ele pode retornar em majestade, novo.

Heráclito não fornece explicação, nem a que acabo de expor (e que suponho ser a de Bollack), nem nenhuma outra; minimalista, ele mostra com apenas uma palavra, *neos*, que o novo é uma questão de repetições; incansavelmente morto e vivo, e sempre aguardado como se aguarda a repetição do tema na escuta musical. O sol é novo se ele morre. Por si só, é uma partitura inteira.

"A virgem, o vivaz e o belo hoje"[2] não negam o declínio nem a imobilização e certamente vivem apenas ao preço de ruínas sempre já compreendidas em seu próprio renascimento.

---

2. Alusão ao poema epônimo de Stéphane Mallarmé.

PARA CONCLUIR A RESPEITO DAS MÁQUINAS E DE SEUS RESTOS

Última máquina a aparecer aqui, a máquina-memória toma para si o que meu pequeno trabalho local de desminagem assinalou pelo nome geral de "restos"; pois, se as máquinas particulares de que tratei até aqui fazem restos que são capazes de renascer, deve haver em algum lugar um local onde esses restos subsistem de maneira subterrânea, imperceptivelmente. Uma espécie de reservatório ou depósito que abriga os pedaços mutilados de teorias, aparelhos parcialmente enferrujados, colunas despedaçadas, toda uma população de estilhaços que "tiveram seu tempo". Eles não poderiam, entretanto, "ter" outro tempo? É o que lhes promete a máquina-memória. E é verdade, essa máquina dá nova vida, reativa, revitaliza, de algum modo, alguns dos autores deixados de lado com suas obras. Eis nomes que retornam, tratados que saem de lugar algum, ideias "geniais" que dialogam conosco hoje. Nós os "redescobrimos", dizemos.

Ora, se conhecemos ou tentamos conhecer os mecanismos que intervêm no fenômeno da reminiscência – a psicologia cognitiva se dedica a perseguir suas variações e mais diferentes aspectos, sem contar as análises dos fenomenólogos –, é sempre, ou na maioria das vezes, do indivíduo-homem que se trata. É esse indivíduo (você, eu, fulano) que se lembra, esquece, perde ou recupera a memória, a mais humana das faculdades. Ou, ainda, uma comunidade de indivíduos que erige monumentos à sua própria memória e à de seus mortos, "para não esquecer".

E se, para variar, nós nos colocássemos não mais no lugar do homem lembrando-esquecendo, mas no da máquina-memória, máquina-anônima, sem rosto, indiferente ao que ela armazena, joga fora ou esconde? Máquina de vida e de morte, atuando nos dois registros como que ao acaso, e, assim, exaltando Ingres e esquecendo Ravaisson? Isso não tem "bom senso" nem mesmo sentido algum, dizemos.

Desordem da máquina? Ou então sua ordem não é a nossa, ou ainda: a máquina despreza nossa ordem de razões, quando sua própria razão vem do fôlego e "cresce por si própria"[1].

Para os pré-socráticos, o fôlego (a vida, a natureza) é pré-anterior a todas as coisas do mundo, e pouco se preocupa em conhecer nossos modos de pensar humanos, e da mesma forma não conhecemos seus modos de ação. *Physis*, a natureza, é o termo que retoma o fôlego (*pneuma*) e a vida.

---

1. Jean Bollack, *Héraclite ou la séparation, op. cit.*, frag. 115.

E, certamente, o impulso vital (se o privarmos de sua determinação) e a vontade que é natureza primeira antes de toda individuação. Confrontados à desordem da máquina-memória, não deveríamos seguir essa via e pensá-la como uma (ou a) natureza, absoluta e principalmente viva por sua própria vida, e, nesse ponto, inverter o desenrolar ordinário do tempo, tal como tradicionalmente concebemos seu curso?

Em suas *Considerações extemporâneas*[2], Nietzsche critica os pretensos filósofos de seu tempo, que "frequentavam essas regiões crepusculares onde um homem com olhos claros não suporta demorar-se por muito tempo". Ele não perdoa aquele dentre eles que "ainda voa rumo a uma pequena metafísica, com as consequências habituais: vertigens, dores de cabeça e sangramentos do nariz [...]". Como não me agradaria, de modo algum, sofrer sua ironia e ainda menos sangrar do nariz, permanecerei na Terra e não simularei nenhum voo rumo a uma pequena metafísica, ainda que maquínica.

---

2. Friedrich Nietzsche, *Considérations inactuelles* III, *Schopenhauer éducateur*, Gallimard, 1990.

1ª edição julho de 2023 | **Fonte** Palatino, Copperplate Gothic
Papel Lux Cream 60 g/m² | **Impressão e acabamento** Imprensa da Fé